马克思主义新闻观实践案例集

国际传播案例库

邱　凌　编著

山 东 大 学 出 版 社

图书在版编目(CIP)数据

国际传播案例库/邱凌编著. —济南:山东大学出版社,2018.11
(马克思主义新闻观实践案例集)
ISBN 978-7-5607-6260-9

Ⅰ.①国… Ⅱ.①邱… Ⅲ.①传播学—案例 Ⅳ.①G206

中国版本图书馆 CIP 数据核字(2018)第 290205 号

责任策划:滕希功
特约编辑:马德青
责任编辑:陈海军
封面设计:牛 钧

出版发行:山东大学出版社
社 址 山东省济南市山大南路 20 号
邮 编 250100
电 话 市场部(0531)88363008
经 销:新华书店
印 刷:泰安金彩印务有限公司
规 格:700 毫米×1000 毫米 1/16
13.25 印张 265 千字
版 次:2018 年 11 月第 1 版
印 次:2018 年 11 月第 1 次印刷
定 价:58.00 元

前　言

本案例库为山东大学新闻传播学院在部校共建背景下编写的马克思主义新闻观实践案例集，是学院重点出版的系列图书，撰写宗旨以案例研究版式为基础，为我院进一步展开马克思主义新闻观研究和教育提供素材和依据。本书主要集合了近几年国际传播领域的知名案例并分门别类地进行分析和解读，以国际传播主体、国际传播渠道、国际传播内容、国际传播受众及国际传播效果作为篇章名称，每一个篇章选取了与主题相关的若干案例，在每个案例中介绍其背景、内容并对其进行评析。

本书的特点体现在以下几个方面：(1)案例新鲜典型。所选取的案例均是近几年发生在各个领域的国际传播案例，新鲜、典型并具有时代特点。(2)分类明晰。所选取按照国际传播学的几大要素进行分类，使读者对国际传播过程的每一个环节都有所了解。(3)知识点凝练。在每一个案例的分析中都有相关的国际传播理论、知识点的总结及提炼，体现实践与理论的结合。(4)拓展资源丰富。案例分析后还附有与该案例相关的新闻资料链接以及理论分析文章的链接，为读者深入了解案例和知识点提供了路径和资源。

该书既可作为新闻传播专业大学生和研究生的教材使用，也可作为专业书籍，为党政机关外宣部门的从业人员或有国际传播、对外宣传和交流业务的企事业单位的从业人员使用。

作者

2018 年 10 月

目　录

国际传播主体篇

国际传播主体是国际传播活动中信息的发出者。在传统的媒体研究和狭义的国际传播概念中，国家政府是国际传播的唯一主体。随着网络技术的发展和新媒体的日益更迭，国际传播主体也从单一化向多元化拓展。在本篇章里，国际传播主体除了政府之外，还涉及文化机构、非政府组织、跨国企业和个体等。

案例 1

政府主体:“一带一路”国际合作高峰论坛

案例背景

无论是在传统媒体时代还是在互联网时代,无论是狭义的还是广义的国际传播概念中,政府在国际传播中都是重要主体,其权威性和影响力是其他主体所不能企及的。随着我国国际地位与影响力的不断提升,我国政府在国际传播活动中发挥了越来越重要的主体作用。无论是政策导向还是实践创新,在顶层设计方面,将国际传播融入到国家发展的战略中,积极发挥政府在国际传播中的主导作用,将把我国的国际传播带入一个新的发展阶段。

“一带一路”是“丝绸之路经济带”和“21 世纪海上丝绸之路”的简称。“一带一路”旨在借用古代丝绸之路的历史符号,怀抱和平发展的愿景,积极发展我国与有关国家的经济合作伙伴关系,共同打造政治互信、经济融合、文化包容的利益共同体、命运共同体和责任共同体。①

2013 年 9 月 7 日,国家主席习近平在哈萨克斯坦纳扎尔巴耶夫大学发表题为《弘扬人民友谊　共创美好未来》的重要演讲时表示,为了使欧亚各国经济联系更加紧密、相互合作更加深入、发展空间更加广阔,我们可以用创新的合作模式,共同建设“丝绸之路经济带”②。同年 10 月 3 日,国家主席习近平又在印度尼西亚国会发表题为《携手建设中国—东盟命运共同体》的重要演讲。他提出,中国致力于加强同东盟国家的互联互通建设,愿同东盟国家发展好海洋合作伙

---

① 参见《“一带一路”愿景与行动文件解读》,http://china.huanqiu.com/News/scio/2015－03/6051157.html。

② 参见《习近平发表重要演讲呼吁共建“丝绸之路经济带”》,https://www.yidaiyilu.gov.cn/xwzx/xgcdt/1875.htm。

伴关系，共同建设21世纪“海上丝绸之路”[①]。

“一带一路”作为中国首倡、高层推动的国家战略，体现了我国进一步对外开放、继续深化多边合作机制、构筑全球经济新的大循环的决心，同时这对我国进行国际传播、展现国家形象也具有深远的战略意义。

案例内容

第一届“一带一路”国际合作高峰论坛于2017年5月14～15日在北京举行。为了更好地凝聚共识，推进合作，本次高峰论坛的主题设定为“加强国际合作，共建‘一带一路’，实现共赢发展”。

本次高峰论坛的召开得到了国内外的积极热烈响应，受习近平主席的邀请，29位外国元首及政府首脑前来赴会，来自130多个国家的1500多名各界贵宾参会。此外，还有来自全球的4000余名记者注册报道此次论坛，同步向世界传递本次高峰论坛的精彩议程和会议亮点，全球主要媒体也在第一时间跟进报道并给予了高度评价。

5月14日，国家主席习近平在北京出席“一带一路”国际合作高峰论坛开幕式，并发表题为《携手推进“一带一路”建设》的主旨演讲。习近平指出：“古丝绸之路绵亘万里，延续千年，积淀了以和平合作、开放包容、互学互鉴、互利共赢为核心的丝路精神。”[②]四年来，全球100多个国家和国际组织积极支持和参与“一带一路”建设，联合国大会、联合国安理会等重要决议也纳入“一带一路”建设内容。“一带一路”建设逐渐从理念转化为行动，从愿景转变为现实，建设成果丰硕。[③] 4年来，各国的政策沟通不断深化、设施联通不断加强、贸易畅通不断提升、资金融通不断扩大、民心相通不断促进。我们要乘势而上、顺势而为，要将“一带一路”建成和平之路、繁荣之路、开放之路、创新之路、文明之路。[④]

在高峰论坛上，中国与沿线各国签署了一批对接合作协议和行动计划，同60多个国家和国际组织共同发出推进“一带一路”贸易畅通的合作倡议，有力地推动了“一带一路”与各国发展战略的对接，使大家朝着统一的、共同商定的目标“齐步走”，形成相向而行的战略选择，进一步凝聚合力，形成你中有我、我中

① 参见习近平：《中国愿同东盟国家共建21世纪“海上丝绸之路”》，http://politics.people.com.cn/n/2013/1003/c1001－23101127.html。

② 《习近平在“一带一路”国际合作高峰论坛开幕式上的演讲》，http://news.xinhuanet.com/politics/2017-05/14/c_1120969677.htm。

③ 参见《习近平在“一带一路”国际合作高峰论坛开幕式上的演讲》，http://news.xinhuanet.com/politics/2017-05/14/c_1120969677.htm。

④ 参见《习近平在“一带一路”国际合作高峰论坛开幕式上的演讲》，http://news.xinhuanet.com/politics/2017-05/14/c_1120969677.htm。

有你的嵌套式发展格局，结成了更为巩固的“命运共同体”。[①] “一带一路”国际合作高峰论坛是各方共商、共建、共享互利合作成果的国际盛会，也是加强国际合作、对接彼此发展战略的重要合作平台。本次“一带一路”国际合作高峰论坛是自 2014 年以来，我国围绕“一带一路”建设所举办的规格最高的国际活动，也是 2017 年我国最重要的主场外交活动之一，有着极为重要的价值和意义。

国际主流媒体对此的报道如下：

> 习近平主席在论坛开幕式上释出包括资金、政策等全方位的大礼包，均展现出中国力促“一带一路”的诚意和做出的努力。[②]
>
> 路透社
>
> 习近平的演讲将“一带一路”倡议称为联通中国与世界的“世纪工程”，中国积极扮演着国际自由贸易捍卫者的角色。习近平的演讲为“一带一路”国际合作高峰论坛奠定了基调。[③]
>
> 彭博社
>
> 习近平在论坛开幕式上将“一带一路”倡议这项“世纪工程”描绘成开启全球化新时代的一个大胆且极具包容的尝试。在 45 分钟的演讲中，习近平承诺将致力于推进联接亚洲到欧洲、非洲乃至美洲的全球建设。[④]
>
> 英国《卫报》
>
> “一带一路”国际合作高峰论坛邀请的嘉宾来自众多国家，覆盖的地域广度和论坛的规模都彰显了中国的全球视野。正如习近平所言，将建设一个“和谐共存的大家庭”。[⑤]
>
> 澳大利亚《澳大利亚人报》
>
> 习近平的演讲突出了“一带一路”是开创合作共赢的新模式，间接回应了一些国家的政策顾虑和猜疑。[⑥]
>
> 新加坡《联合早报》

① 参见张晓强：《“一带一路”国际合作高峰论坛：丰硕成果与广阔前景》，2017 年 5 月 23 日《光明日报》。

② 《全球热议的“一带一路”高峰论坛外媒怎么说》，http://news.cbg.cn/hotnews/2017/0517/7851499.shtml。

③ 《全球热议的“一带一路”高峰论坛外媒怎么说》，http://news.cbg.cn/hotnews/2017/0517/7851499.shtml。

④ 《全球热议的“一带一路”高峰论坛外媒怎么说》，http://news.cbg.cn/hotnews/2017/0517/7851499.shtml。

⑤ 《全球热议的“一带一路”高峰论坛外媒怎么说》，http://news.cbg.cn/hotnews/2017/0517/7851499.shtml。

⑥ 《全球热议的“一带一路”高峰论坛外媒怎么说》，http://news.cbg.cn/hotnews/2017/0517/7851499.shtml。

“一带一路”国际合作高峰论坛是年度国际盛事，同时也是中国在激活全球经济联系与合作方面筹备的一次外交盛会。①

俄罗斯《俄罗斯报》

推进“一带一路”倡议的实施，交通运输互联互通是基础，也是优先领域，目前在铁路、公路、水运、民航、邮政等领域均取得了积极进展。哈中两国围绕“一带一路”倡议和“光明大道”计划，开展了一系列富有成效的经济合作。②

哈萨克国际通讯社

案例分析

一、全球性媒介事件在国际传播中的作用

对全球性媒介事件进行国际传播，是一国传播理念、政策，塑造国家形象的重要方法。当今世界，各国都倾力举办使其他各国政府和公众均感兴趣的全球性媒介事件(如奥运会、国际会议、世界性的纪念活动等)。这些全球性事件增强了国际舆论，主办国也会在国际舞台上受到重视，传播自己的理念和信息，从而进行有效的国际传播，提高其国际地位、提升其国家软实力，这是一种“自塑型”的方法。国际性大型事件经过媒体报道，就成为万人瞩目的“国际性媒介事件”。利用媒介传播国际性媒介事件，寻求国际目光的注视，是进行国际传播、塑造国家形象的策略之一。

“一带一路”国际合作高峰论坛是由中国政府主导并于中国举办的全球性媒介事件。“一带一路”国际合作高峰论坛的召开恰逢其时，作为一个关键节点，它的推动性举动既是对过去发展经验的总结，更是为未来发展进行的规划，发挥着承上启下的重要作用。论坛举行期间，中国国家主席习近平发表了题为《携手推进“一带一路”建设》的主旨演讲，再次向世界阐释了更为完整的、更为系统的“一带一路”建设的理念与内容，让“一带一路”焕发了更强的生命力。与此同时，此次高峰论坛也让世界倾听了中国声音、看到了中国方案，成为中国推动全球治理新变革的又一座里程碑。这期间，4000多名记者的参会、报道无疑对这次高规格盛会进行了很广泛的国际传播，对传播中国声音和中国形象起到了良好的作用。

---

① 《俄媒高度评价“一带一路”国际合作高峰论坛》，http://world.people.com.cn/n1/2017/0514/c1002－29274182.html。

② 《一带一路让中国机遇成为世界机遇(外媒看中国)——外国媒体聚焦“一带一路”国际合作高峰论坛》，http://world.people.com.cn/n1/2017/0513/c1002－29272626.html。

二、国际传播中政府主体的主导性

国际传播主体是指国际传播活动中的信息发出者。在国际传播理论中，有传播主体的狭义与广义之分，但无论是狭义还是广义，政府都是两个视角共同认可的重要的国际传播主体。

在狭义的概念中，国际传播是指以国家、社会为基本单位，以大众传播为支柱的国与国之间的传播。罗伯特·福特纳(Robert S. Fortner)将国际传播置于大众传播研究的范畴之中，他认为国际传播是依靠大众传播媒介进行的跨越国界的信息传播，而不涉及跨国间的人际传播或人际交流。[①] 刘继南认为，国际传播是"特定的国家或社会集团通过大众传播媒介面向其他国家或地区受众所进行的跨国传播或全球范围传播"[②]。有的学者更是将国家政府作为国际传播的唯一主体：狭义的国际传播主要指跨越国界的大众传播，其传播主体往往是国家政府，主要表现为主权国家(政府)之间的相互关系。[③]

政府是国家行政机关，是国家权力的执行机构，对国家行使管理、监督、指导、服务、保卫等方面的职能。过去很长一段时间里，政府作为传播主体的地位十分强势，是国际传播中最主要的部分。即便在今天，在某些国家的某些特殊发展阶段上(例如战争、政权更迭等)及一些处于高度舆论控制下的国家，政府仍然是唯一的国际传播主体。正是因为国际传播长期由政府主导，与国家主权、国家利益密切相关，它才带有浓重的政治色彩。随着多元化的传播主体的出现，尽管政府作为国际传播主体的强势地位受到了冲击，但在诸多传播主体中，它仍然处于主导地位，并对其他主体的传播行为实施着较为严格的把关和控制。由于政府在国际传播中具有特殊的地位与作用，它始终是国际传播学的一个重要的研究对象。

此次高峰论坛是我国政府结合国家战略主办的一次全球媒介事件，既是一次成功的外交活动，也是一场盛大的国际传播活动，得益于我国政府的顶层设计和积极推动，吸引了国际主流媒体的广泛报道，达到了良好的传播效果。

相关链接及参考阅读

[1]《"一带一路"愿景与行动文件解读》，http://china.huanqiu.com/News/scio/2015－

---

① 参见[美]罗伯特·福特纳：《国际传播：全球都市的历史、冲突及控制》，刘利群译，华夏出版社2000年版，第6页。

② 刘继南等：《国际传播与国家形象——国际关系的新视角》，北京广播学院出版社2002年版，第2页。

③ 参见李智：《国际传播》，中国人民大学出版社2013年版，第2页。

03/6051157. html。

[2]《习近平发表重要演讲呼吁共建“丝绸之路经济带”》,https://www. yidaiyilu. gov. cn/xwzx/xgcdt/1875. htm。

[3]习近平:《中国愿同东盟国家共建21世纪“海上丝绸之路”》,http://politics. people. com. cn/n/2013/1003/c1001－23101127. html。

[4]《推动共建丝绸之路经济带和21世纪海上丝绸之路的愿景与行动》,http://news. xinhuanet. com/finance/2015－03/28/c_1114793986_2. htm。

[5]《习近平在“一带一路”国际合作高峰论坛开幕式上的演讲》,http://news. xinhuanet. com/politics/2017－05/14/c_1120969677. htm。

[6]《“一带一路”国际合作高峰论坛成果清单》,http://news. xinhuanet. com/world/2017－05/16/c_1120976848. htm。

[7]《全球热议的“一带一路”高峰论坛外媒怎么说》,http://news. cbg. cn/hotnews/2017/0517/7851499. shtml。

[8]《俄媒高度评价“一带一路”国际合作高峰论坛》,http://world. people. com. cn/n1/2017/0514/c1002－29274182. html。

[9]《一带一路让中国机遇成为世界机遇(外媒看中国)——外国媒体聚焦“一带一路”国际合作高峰论坛》,http://world. people. com. cn/n1/2017/0513/c1002－29272626. html。

[10]胡钰、景嘉伊:《“一带一路”的国际传播能力建设》,《青年记者》2017年第22期。

[11]张恒军:《“一带一路”倡议与当代中国价值观的国际传播》,《传媒》2017年第15期。

[12]李勇、沈虹冰、石志勇:《从“一带一路”报道策划看增强国际传播能力的视角与路径》,《中国记者》2017年第5期。

[13]李晓林、史鹏飞:《电视外交:“一带一路”建设上的国际传播实践——以大型跨国体验报道〈丝绸之路万里行〉为例》,《西部广播电视》2016年第2期。

[14]吴隽然:《“一带一路”战略下中国对非洲传播策略研究》,《东南传播》2015年第12期。

[15]覃杰:《两大舆论场与软实力构建——“一带一路”视阈下中国的国家形象传播战略》,《今传媒(学术版)》2017年第5期。

案例2

顶层设计:“讲好中国故事”让世界读懂中国

案例背景

党的十八大以来,习近平总书记在全国宣传思想工作会议、党的新闻舆论工作座谈会、网络安全和信息化工作座谈会、哲学社会科学工作座谈会和全国高校思想政治工作会议等会议上,发表了一系列与党的新闻舆论和宣传思想工作相关的重要讲话,提出了一系列新思想、新观点、新论断,形成了博大精深、科学系统的新闻思想,创造性地丰富和发展了马克思主义新闻舆论理论宝库。这是指导宣传思想文化领域、特别是新闻舆论战线的强大思想武器,也是做好我国国际传播工作、塑造良好国家形象的行动指南。近几年,我国政府非常注重提高国际话语权、加强国际传播能力的建设,提出了一系列工作要求,更是提炼出“讲好中国故事,传播好中国声音”的核心思想,为我国的国际传播、对外宣传工作指明了方向。

2013年8月,在全国宣传思想工作会议上,习近平指出,要精心做好对外宣传工作,创新对外宣传方式,着力打造融通中外的新概念、新范畴、新表述,讲好中国故事,传播好中国声音。①

2013年12月,中共中央政治局就提高国家文化软实力进行了第十二次集体学习。习近平主持学习时强调,要努力提高国际话语权,加强国际传播能力建设,精心构建对外话语体系,增强对外话语的创造力、感召力、公信力,讲好中

① 参见《重温习近平8·19讲话:宣传思想部门必须守土有责》,http://cpc.people.com.cn/xuexi/n/2015/0819/c385474—27483230.html。

国故事，传播好中国声音。[①]

2014 年 11 月，在中央外事工作会议上，习近平指出，要提升我国软实力，讲好中国故事，做好对外宣传；要推动国际体系和全球治理改革，增加我国和广大发展中国家的代表性和话语权。[②]

2015 年，习近平就《人民日报》（海外版）创刊 30 周年作出重要批示，他指出，希望《人民日报》（海外版）用海外读者乐于接受的方式、易于理解的语言，讲述好中国故事，努力成为增信释疑、凝心聚力的桥梁纽带。[③]

2016 年 2 月，习近平主持召开党的新闻舆论工作座谈会，通过“联接中外、沟通世界”8 个字提纲挈领，总结概括了党的新闻舆论工作在外宣方面的职责和使命。他强调：“要加强国际传播能力建设，增强国家话语权，集中讲好中国故事，同时优化战略布局，着力打造具有较强国际影响的外宣旗舰媒体。”[④]

2017 年 10 月，习近平在党的十九大报告中指出，要推进国际传播能力建设，讲好中国故事，展现真实、立体、全面的中国，提高国家文化软实力。

案例内容[⑤]

习近平总书记在党的新闻舆论工作座谈会上的重要讲话，为广大新闻舆论工作者指明了努力方向，提供了根本遵循准则。一年来，他们以更加饱满的热情讲述中国故事，凝聚中国力量，传播中国思想，弘扬中国主张，展现中国风采。

一、传播中国声音

“有没有所谓的仲裁，南海，它都在那里。仲裁改变不了任何历史，改变不了任何事实、任何现状。历史和事实不容‘仲裁’。”——新华社记者凌朔亲历了国际舆论场上一场看不到硝烟的舆论战。

2016 年 7 月，菲律宾南海仲裁案仲裁庭公布了所谓“裁决”。从事东南亚新闻报道 15 年、接触南海问题 10 年的凌朔和同事们决定，要用记者的方式，寻找新闻层面的解题方程式。通过追踪报道，凌朔和同事们挖出了仲裁案背后的西

---

① 参见《习近平在中共中央政治局第十二次集体学习时强调朝着建设文化强国目标不断前进》，2014 年 1 月 2 日《中国新闻出版报》。

② 参见《习近平出席中央外事工作会议并发表重要讲话》，http://news.xinhuanet.com/politics/2014-11/29/c_1113457723.htm。

③ 参见《习近平就人民日报海外版创刊 30 周年作出重要批示》，http://politics.people.com.cn/n/2015/0521/c1001-27038345.html。

④ 《国际话语权：习近平打造外宣旗舰，讲好中国故事》，http://news.youth.cn/wztt/201602/t20160224_7667316.htm。

⑤ 本案例节选自胡浩、李亚红、王思北：《讲好中国故事，传递中国声音——新闻舆论战线工作者群像扫描之一》，2017 年 2 月 19 日《人民日报》。

方“黑手”，找到了仲裁庭和日本右翼政客之间千丝万缕的联系，曝光了仲裁庭在荷兰海牙和平宫租用听证室、租用办公用品、租用秘书服务的那些事，让全世界的读者一眼就看穿，所谓仲裁案，分明就是一出意图抹黑中国的政治闹剧。

新华社发出多语种的2000多条稿件传递到世界每一个角落，出现在欧美的主流媒体，出现在很多国家报纸的头版。此前张扬叫嚣的个别西方政客沉默了。“国际新闻记者从来都不只是简简单单地报道发生在国外的事情，我们用中国视角去观察，用中国站位去把握。我们用融化在血液中的中国基因，做好中国表达，传播好中国声音。这是我们的天职，更是本分。”凌朔说。

同样在南海仲裁案的国际舆论引导战役中，中新社云南分社社长王林敏锐捕捉有效信息，另辟蹊径，发挥了独特作用。

王林得知，伊朗德黑兰大学与云南大学合作的“伊朗古地图”研究发现，不少阿拉伯古地图将中国南海海域标明为“中国海”。王林意识到，这些古地图很有可能成为中国主张对南海诸岛主权的第三方有力的历史证据。经过多次沟通争取，王林等记者共同采写了《中伊学者揭秘伊朗古地图，南海海域一直被标明为“中国海”》和《伊朗古地图中的“中国海”》等稿件，迅即在海内外引起强烈反响，成为南海舆论战中的漂亮一役。

二、讲述中国故事

2016年9月5日，二十国集团领导人齐聚浙江杭州，分享中国为推动世界经济增长提出的“中国方案”。而在约9000公里之外，意大利的人们也正从广播中聆听“中国故事”。

经过中国国际广播电台记者金京的沟通联系，意大利收听率排名第一的意国家电台与中国国际广播电台合作推出“意中新丝绸之路——中国日”广播特别节目，在意国家电台旗下四个频率全天播出与中国有关的节目，内容涉及时政、科技、文化、旅游、体育和音乐等，G20杭州峰会的中国声音在这里回响。

为了让全世界都能听到、听清中国声音，中央电视台在G20杭州峰会前方投入1300多人，搭建12套转播系统，设置178个机位。这一天，央视新闻中心时政新闻部制片人胡玮扛着近25公斤的摄像机和三脚架等，完成了10多场重要活动的拍摄，直到深夜1时多才收工，匆忙泡了一碗方便面、吃了这一天唯一的一顿饭。

“联接中外、沟通世界”，在党的新闻舆论工作座谈会上，习近平总书记高屋建瓴地概括了党的新闻舆论工作在对外宣传方面的职责和使命。讲好中国故事，传播好中国声音，就必须坚持国家站位、树立全球视野。中国不乏好故事，也不乏好声音，关键是如何讲好、传播好。

案例分析

“讲好中国故事，传播好中国声音”为中国的国际传播工作指明了方向。2013年，习近平总书记首次提出了“讲好中国故事，传播好中国声音”，这不仅仅是对我国的新闻宣传工作提出了更高的要求，更为我国的国际传播工作提供了指南和方向，体现了国家对构建融通中外的话语体系、提升中国话语权表达的重视。讲中国故事是时代命题、是时代使命，是在全面建成小康社会过程中表达自我的行为，具有深远的时代内涵与全球意义。

2015年5月，习近平总书记就《人民日报》(海外版)创刊30周年作出重要批示，他指出，希望《人民日报》(海外版)用海外读者乐于接受的方式、易于理解的语言，讲述好中国故事，努力成为增信释疑、凝心聚力的桥梁纽带。这对我国国际舆论场研究也具有重要意义。中国媒体、企业、驻外机构和数亿网民都是“讲好中国故事”的核心群体和推动者，国际新闻中的中国身影以及中国新闻的国际反馈则是国际舆论场的重要热点。

“讲好中国故事，传播好中国声音”为广大新闻舆论工作者指明了努力方向，提供了根本遵循准则。在国际宣传报道中，记者们对于与国家利益密切相关的议题及时跟踪、寻找证据，有礼有节地发出中国声音，避免我国在国际舆论中处于被动局面的情况。他们用客观的事实、翔实的资料、生动的笔触讲述着一个个鲜活的中国故事，凝聚中国力量，传播中国思想，弘扬中国主张，展现中国风采。

相关链接及参考阅读

[1]《重温习近平8·19讲话：宣传思想部门必须守土有责》，http://cpc.people.com.cn/xuexi/n/2015/0819/c385474-27483230.html。

[2]习近平：《建设社会主义文化强国着力提高国家文化软实力》，http://news.xinhuanet.com/politics/2013-12/31/c_118788013.htm。

[3]《习近平出席中央外事工作会议并发表重要讲话》，http://news.xinhuanet.com/politics/2014-11/29/c_1113457723.htm。

[4]《习近平就人民日报海外版创刊30周年作出重要批示》，http://politics.people.com.cn/n/2015/0521/c1001-27038345.html。

[5]《国际话语权：习近平打造外宣旗舰讲好中国故事》，http://news.youth.cn/wztt/201602/t20160224_7667316.htm。

[6]《把握国际话语权有效传播中国声音——习近平外宣工作思路理念探析》，http://news.xinhuanet.com/politics/2016-04/06/c_1118542256.htm。

[7]《讲好中国故事传递中国声音——新闻舆论战线工作者群像扫描之一》，http://news.cctv.com/2017/02/19/ARTInzpESFpKrbQWxIBM5i73170219.shtml。

[8]程曼丽:《讲好中国故事的角度与着力点——第二十四届中国新闻奖国际传播奖获奖作品评述》,《新闻战线》2015 年第 15 期。

[9]陈刚:《国际传播如何聚焦“小人物”——法国中学生向总统请假的传播启示》,《青年记者》2017 年第 22 期。

[10]聂树江:《国际传播如何讲好中国故事》,《新闻战线》2016 年第 23 期。

[11]曹琳琳:《海外华文媒体讲好中国故事的路径选择》,《新闻研究导刊》2016 年第 7 期。

[12]史安斌、廖鲽尔:《国际传播能力提升的路径重构研究》,《现代传播》2016 年第 10 期。

[13]刘炳路:《讲好中国故事,发出中国强音——〈从“芭比”到“苹果”:笼罩在数据迷雾下的“中国制造”〉的国际传播价值》,《中国记者》2012 年第 7 期。

[14]杨晨:《以外国人的视角讲述中国抗战故事——中国国际广播电台“波兰‘哈尔滨人’忆抗战”多媒体报道实践》,《中国记者》2015 年第 10 期。

案例3

城市主体:美丽花城,绽放世界

案例背景

国际传播的重要主体是政府,我国政府由中央、省、市等级别构成。在构建国家级的国际传播活动时,省、市一级体现并执行国家的战略,加快推进城市的国际化。尤其是一些大中型城市,应结合自身特点,建构体现地域特色的城市对外传播格局,增强城市的国际传播能力,提升城市对外美誉度。

中国传媒大学国家传播创新研究中心联合相关研究机构在2017年初发布了《中国国际传播力》报告,报告以谷歌英文网络媒体的提及量为主要指标,从提及量排名、网站媒体来源、重点城市画像分析等层面分析了39座中国主要城市的国际传播力。① 排名前十位的分别是:上海、北京、澳门、台北、天津、深圳、杭州、成都、广州、南京。②"报告指出,每一座城市因其文化、传统等差异呈现不同特点,媒体报道中的城市在各类因素的交织下,往往会形成特定的'共识',成为一座城市的固有印象。总体来看,中国城市的十大关键词是国际的、全球的、古老的、超级的、国家的、开放的、中心的、最大的、自有的、当地的,但每一座城市又有个性'基因'。报告还显示,《南华早报》、新华社和路透社最关注中国城市,'国际的''商业''航线''市场''大学'成为英文新闻提及中国城市的五大关键词。"③

---

① 参见樊江洪:《中国主要城市国际传播力:上海北京列前两位》,http://www.jfdaily.com/news/detail? id=42168。

② 参见樊江洪:《中国主要城市国际传播力:上海北京列前两位》,http://www.jfdaily.com/news/detail? id=42168。

③ 樊江洪:《中国主要城市国际传播力:上海北京列前两位》,http://www.jfdaily.com/news/detail? id=42168。

在提升城市国际传播能力的过程中，很多城市塑造有特点的城市形象，谋划城市对外形象的营销战略，推广节庆活动或搭建文化创意产业平台，在各个层面进行了城市推广。如杭州通过举办G20峰会，让世界关注了杭州、了解了杭州，给这座城市提供了在国际舞台上展现实力的机会，增加了杭州的国际知名度和美誉度，提升了其国际形象；始创于1991年的青岛啤酒节，历经20余年的发展，已经从起初只有30余万名市民参加的地方性节日发展成超过200万国内外游客参加的国际知名、国内一流的“东方啤酒盛会”，从最初由青岛啤酒集团主办、“民办官助”的企业行为发展成现在由国家五部委和青岛市政府主办的国家级大型节庆活动，并逐渐发展成为青岛市的“狂欢节”“市民节”，如今已经成为青岛的靓丽城市名片之一，也架起了青岛与世界沟通合作的桥梁。[①] 在全球化背景下，借助历史名人效应开展对外文化传播也是很重要的传播策略，2016年正值汤显祖、莎士比亚、塞万提斯三位大师逝世400周年。汤显祖不仅是享誉世界的戏曲大师，也是江西临川文化的重要代表。江西省委省政府以及抚州市领导紧紧抓住中外共同纪念汤翁这一契机，分别在莎士比亚的故乡英国斯特拉福德郡、美国硅谷、塞万提斯的故乡西班牙马德里阿尔卡拉以及澳大利亚悉尼开展纪念活动，并借此契机拓宽渠道，主动对外展示省情市情，将江西优美的生态环境和经济社会发展态势介绍出去，将文化产品和服务推送出去，增强了文化开放的针对性和有效性。

每个城市的地理风貌、历史背景、文化资源各有不同，在国际传播的过程中应结合本土资源，提炼文化特色，结合全媒传播、全球传播、全民传播的时代背景和媒介环境，由点到面，由部分到整体，突破城市国际传播的现实困境，实现城市形象国际传播的创新和发展。每个城市的国际传播能力的提升，最终都有益于整个国家的国际形象的提升。

案例内容[②]

当世界渴望通过城市窗口探析中国发展时，广州以“以我为主，兼收并蓄”的姿态向世界绽放，树立全球视野、把握国家站位，增强对外传播力、国际话语权，讲好中国故事、广州故事。

---

① 参见龙英晓、王笑：《青岛节庆旅游发展现状及策略研究——以青岛国际啤酒节为例》，《四川烹饪高等专科学校学报》2012年第1期。

② 本案例节选自《广州大力推进城市国际传播能力建设美丽花城绽放世界》，http://gdgz.wenming.cn/gzjj/201711/t20171115_4872964。

一、新格局：全球化视野下塑造城市国际传播新格局

记者从广州城市外宣部门了解到，当下国际社会对中国的关注前所未有，广州更应提高传播意识，从被动“他塑”到“自塑”转型，通过自身的国际传播能力建设，加快提升国际影响力，让全世界听到中国的声音。如今，广州已经主动加强与境内外主流媒体和新媒体的合作，形成境内境外、线上线下、动态深度等相互补充的全方位、立体化的传播格局。

截至 2017 年 10 月 28 日，累计 9000 多家境内外媒体、3000 多名记者，围绕广州“2017 广州过年，花城看花”、2017 中国广州国际投资年会、2017 中国创新创业成果交易会、2017 第十届中国生物产业大会暨首届官洲国际生物论坛、2017 小蛮腰科技大会、2017 世界城市日、《财富》全球路演推介等 50 多个在广州举行的重大活动平台，进行了全方位、立体化传播，全年媒体宣传报道量达到 16000 多篇(次)。

二、全覆盖：全球媒体聚焦广州　报道中国创新案例

广州以高度的文化自信，用国际语言讲述广州故事，向世界展示了一个充满底蕴又创新进取的广州，也让世界目光聚焦广州。2017 年 1 月 17 日，美国《华尔街日报》欧洲版以《广州：千年商都崛起国际枢纽》为题，用一个整版报道广州参与全球要素配置和国际产业分工的传统与优势，开启了国际媒体专题报道广州的先河，国际主流媒体对广州的关注掀起一阵又一阵热潮。

2017 年以来，包括《华尔街日报》《华盛顿邮报》、BBC、CNBC、《德国商报》《人民日报》、新华社、《中国日报》等境内外 50 多个国家的主流报刊或媒体积极刊播了广州的信息。

据不完全统计，2016 年 12 月 6 日以来，围绕《财富》全球路演，累计超过 6000 多家媒体对路演活动和广州城市形象进行了全方位、立体化的传播。媒体报道主题稿件达 1200 多篇(次)，生成各类稿件 5000 多篇(次)，总体传播覆盖人群近 10 亿人(次)。形成欧美主流媒体聚焦报道广州，全球政商学界精英广泛关注广州的热潮。

三、新形象：“有温度”的广州形象片刷屏世界舞台

为让广州城市形象的国际化传播变得“有温度”，这需要广州的“匠心”与“巧思”研究如何讲故事。广州的城市形象宣传《花开广州·盛放世界》不着一字，以广州传统民乐贯穿，在《财富》全球论坛纽约和华盛顿路演期间连续一周亮相纽约时代广场，在“世界十字路口”展示作为国际交流中心的广州的城市魅

力，并连续半个月在 BBC 世界新闻台的欧洲、美洲、亚洲等 54 个频道播出。除了自制形象片，由国际知名电视台专业团队操刀的广州城市宣传片同样引人注目。美国 CNBC 电视台专业的制作团队奔赴广州，拍摄了一段广州城市形象宣传片，覆盖人群达 4 亿人（次）。城市形象宣传片向全球展现了一个生机勃勃、欣欣向荣的广州形象。

此外，2017 年以来，广州向全球发出 2017“广州过年，花城看花”邀请，得到全球各地熟悉广州、热爱广州的约 5300 多个家庭的报名申请，制作“花”语故事城市 H5HTML5 标准制作的网页应用。同时，广州积极借助境外社交媒体发布广州资讯。目前，“中国广州”在脸谱和推特上的粉丝总数超过 20 万人，发布帖文 600 余篇，总阅读量约 5000 万人次，互动粉丝数约 80 万人次。

四、新高度：城市国际路演推介将成常态化平台

“借着财富论坛的机会，广州到世界各地进行全球路演，我之前还没有见到哪个中国城市尝试过这样的创举！”前美国总统法律顾问哈维·佐丁谈及广州通过《财富》全球论坛进行全球路演、展示城市形象时如此评价。在他看来，通过积极对外推介，广州将建立世界城市关系网，这对广州的未来有着深远的影响。让广州的城市品牌走向全球，这也是广州在近年来对外传播所获得的最大心得。记者从广州城市外宣部门了解到，广州将进一步把城市品牌国际路演打造成常态化平台，使城市品牌形象走向全球。

2018 年，广州将积极借助国家大型外交主场活动以及在广州举办的 2018 世界航线大会、《财富》国际科技头脑风暴大会、国际金融论坛（IFF）全球年会等高端国际会议的契机，讲述广州故事，通过综合性文化展演及商贸交流、全域旅游等载体，在布宜诺斯艾利斯、雅典等城市举办广州城市形象国际路演推介活动，带动商贸、城市旅游和城市的国际交往能力的提升，讲好广州故事，推介“花城”城市形象，将“花城”品牌形象推广到全球。

案例分析

一、明确城市定位，提炼鲜明特点

城市形象定位是城市形象的集中体现，反映了一个城市的特色和内涵，并将城市的特色推向市场，吸引更多的外部资源和城市顾客，提升城市形象并促进城市发展。广州以“花城”自称，围绕这个明确的定位，推出与之相关的形象片、节日活动以及供市民参与的活动等，在国际传播的过程中明确了传播内容的关键词。明确而富有特点的传播内容有助于吸引受众和游客的关注，也有利

于传播策略和规划的整体实施和推进。

二、多维度的国际传播策略组合

作为国际传播的主体之一,省级、市级政府在国际传播过程中发挥着重要的作用,各级政府可结合所在地的文化资源、旅游资源等方面的优势,充分利用国家政策,积极进行国际传播,在提高本地知名度的同时,塑造良好的国家形象。从以上案例中可以看出,广州市通过四个维度来实现系统化的传播:主办各类国际高端论坛(会议、展会),吸引境外媒体报道,在境外投放高品质的形象宣传片,城市国际路演推介。这些活动在设计、筹划以及实施和推广过程中都紧紧围绕着广州的国际化定位,围绕着广州的形象特点。

三、节庆活动提升城市的影响力

旅游节庆活动特指某地在特定时间依托一项或一系列独特资源,为吸引旅游者而定期或不定期举办的有明确主题的节日庆典活动,其往往成为城市参与国际传播活动最主要的途径之一。根据不同的标准,旅游节庆活动有不同的分类体系:从旅游节庆活动的等级及影响范围的角度,可分为世界级、国家级、省级、县市级;从旅游节庆活动的运作管理模式的角度,可分为政府包办型、多部门联办型、市场化运作型和政府协调引导、社会参与、市场运作型;从旅游节庆活动的不同主题的角度,可分为民族文化型、特有物产型、独特景观型、宗教文化型等。①

四、发挥政府在城市国际化进程中的作用

目前城市国际化已经成为多数城市发展的目标,如何探寻创新对外传播策略,加强国际传播能力建设,成为亟需解决的问题。以政府为主体的国际传播是政府(信息)传播的延伸,是政府传播的跨国界部分。与其他传播主体不同,政府代表国家行使传播职能,具有绝对的权威性。在传播的影响力方面,诸传播主体中,政府最具影响力,它所传播的信息可以在一个国家、一个地区甚至整个世界形成一致性的影响,因此政府在城市国际化进程中的作用不可小觑。

相关链接及参考阅读

[1]樊江洪:《中国主要城市国际传播力:上海北京列前两位》,《上观新闻》http://www.

① 参见泥倩倩:《山东省旅游节庆品牌化发展研究》,华中师范大学硕士学位论文,2013年。

jfdaily. com/news/detail? id=42168。

[2]《广州大力推进城市国际传播能力建设美丽花城绽放世界》,http://gdgz. wenming. cn/gzjj/201711/t20171115_4872964。

[3]龙英晓、王笑:《青岛节庆旅游发展现状及策略研究——以青岛国际啤酒节为例》,《四川烹饪高等专科学校学》2012 年第 1 期。

[4]泥倩倩:《山东省旅游节庆品牌化发展研究》,华中师范大学硕士学位论文,2013 年版。

[5]许雄辉:《传播城市:城市形象对外宣传策略》,宁波出版社 2013 年版。

[6]苏永华:《城市形象传播理论与实践》,浙江大学出版社 2013 年版。

[7]汪慧:《我国国际化节事活动中的媒体对外传播策略研究——以中国(曲阜)国际孔子文化节为例》,华中科技大学硕士学位论文 2016 年版。

[8]师守祥:《青岛国际啤酒节的本土化与国际化》,《旅游学刊》2013 年第 6 期。

[9]李萍:《成都"美食之都"国际传播媒介策略现状与对策——基于川菜文化国际传播的调查分析》,《西南民族大学学报(人文社科版)》2012 年第 6 期。

案例 4

文化机构:孔子学院,以文化人

案例背景

语言是文化的表征,本身承载着文化信息,语言的传播就是文化的传播。语言同时也是文化交流最基本、最重要的媒介,人类社会的交流与合作必须借助语言实现。随着全球化进程和经济一体化的加快,各国在政治、经济、文化方面的交流与合作愈发频繁。语言和文化所体现的“软实力”在国际事务中扮演着重要角色。为了增加国际话语权,各国纷纷将本族语言和文化以不同的方式向世界推广。

一些国家以语言和文化作为突破口,相继成立了语言文化推广机构,为本国文化的对外传播搭建了平台,如 1883 年成立的法语联盟(法国)、1934 年成立的英国文化委员会(英国)、1951 年成立的歌德学院(德国)和 1991 年成立的塞万提斯学院(西班牙),均把本民族的语言传播和推广作为经济发展和文化交流的一项重要的战略措施。法国前总统戴高乐于 1958 年 12 月 2 日在法语联盟成立 75 周年纪念日时说过:“没人能够抵抗法语联盟的魅力。”不难看出,这个有百年历史的机构的使命使它的影响在很早以前就已经超越了法国的传统影响。自 19 世纪末开始,法语联盟在许多国家建立了理事会,这一推广活动也曾波及中国。伴随着世界政治格局的多极化发展,世界的文化也在各国频繁的交往中向多样化的方向发展,各国纷纷开展文化外交这一新型外交,以此提升国家文化软实力。

汉语作为我国官方语言历史渊源悠久,同时也是世界上覆盖人口第二多的语言。随着中国经济的发展和国际交往的日益广泛,世界各国对汉语学习的需求急剧增长,同时对我国的汉语言对外传播能力也提出了更高要求。为推动汉语加快走向世界,提升中国语言文化的影响力,从 2004 年开始,我国在借鉴英、法、德、西等国推广本民族语言经验的基础上，探索在海外设立以教授汉语和传播中国文化为宗旨的非营利性教育机构“孔子学院”（Confucius Institute）。2004 年 11 月 21 日，由国家汉办委托韩国韩中文化协会协力研究院建立的第一所海外孔子学院在汉城汉语水平考试韩国办事处正式揭牌。

案例内容[⑤]

孔子学院主要开展汉语教学和中外教育、文化等方面的交流与合作，其主要职能和所提供的服务包括：面向社会各界人士开展汉语教学；培训汉语教师；开展汉语考试和汉语教师资格认证业务；提供有关中国教育、文化、经济及社会等信息咨询服务；开展中外语言文化交流活动等。

例如，世界各国青年广泛参与的“汉语桥——世界大学生中文比赛”就是由国家汉办（孔子学院总部）主办的国际汉语赛事。“汉语桥——世界大学生中文比赛”考核的内容包括汉语语言能力、中国国情知识、中国文化技能和综合学习能力。参赛选手首先在各自国家参加预赛阶段的比赛，优胜者应邀来华参加复赛、决赛阶段的比赛，优胜者将获得相应的孔子学院奖学金等奖励。2002 年以来，来自世界 110 多个国家的 2500 多名大学生先后应邀来华参加了比赛，各国参与海外预赛活动的大学生达 70 万余人。2017 年 10 月 28 日，由国家汉办（孔子学院总部）、云南省人民政府联合主办，云南省多所机构承办的以“学会中国话，朋友遍天下”为主题的第十届“汉语桥”世界中学生中文比赛总决赛暨闭幕式在云南省大剧院举行。来自世界 96 个国家的共 320 名师生，共同在这座友谊之桥、文化之桥上，见证了世界多元文化在“汉语桥”这个大舞台上精彩绽放。

近年来，孔子学院探索和尝试了中外高校合作办学模式、外国政府机构与中国高校合作办学模式、国家汉办委托国外社团机构办学模式等 8 种灵活多样的合作办学模式，充分调动了包括国内外高等院校、政府机构、科研机构、社团组织以及企业集团的资源和力量参与汉语文化的传播与推广。目前应用较多的有孔子学院和孔子课堂两种模式，开办的孔子学院一般由中方和外方两位院长共同合作进行管理。

孔子学院在海外的扎根、实施都离不开中、外方的密切合作。现在，越来越多的海外高校愿意引进孔子学院并支持其业务的开展。据英国政府网站消息，由英国 UCL 教育学院承办的孔子学院的院长杜可歆近日获得大英帝国官佐勋章（OBE），以表彰其本人及所带领的孔院团队在英国教育领域做出的杰出贡献。杜可歆教授是英国中文教学专家，担任 UCL 助理副校长（东亚事务）一职，

---

① 本案例内容主要来自孔子学院官网公示信息，www. hanban. edu. cn。

自2007年担任孔子学院院长以来，积极推动英国中小学开设中国语言和文化课程，以高质量的汉语教学和推出的丰富的中国文化活动，赢得了在校学生及广大民众的欢迎。2016年，英国政府斥资1000万英镑，推出“中文培优”项目，并委托UCL教育学院承办的孔子学院和英国文化教育协会全权负责项目的实施。① 这个事例说明，孔子学院现在正在赢得越来越多的国家、高校和学者的支持。

截至2016年12月31日，全球140个国家（地区）建立了512所孔子学院和1073个孔子课堂。② 十余年来，孔子学院快速发展，各地孔子学院充分利用自身优势，开展丰富多彩的教学和文化活动，逐步形成了各具特色的办学模式，成为各国学习汉语言文化、了解当代中国的重要场所和中外文化交流的平台，加强了中国人民与世界各国人民友谊合作的桥梁，受到各国家的热烈欢迎。

案例分析

一、参与国际传播的社会组织

作为国际传播主体的社会组织，泛指政府与企业之外的、不以营利为目的的组织机构和团体。由此，我们可以将社会组织分为两大类：非政府组织和政党组织。非政府组织是作为主权国家和政府间国际组织之外的“第三方”出现的，其基本特征是非政府性和非营利性。非政府组织又可以具体分为两类：一类是国际性的非政府组织，一类是主权国家内的非政府组织。孔子学院的性质是非营利性的社会公益机构，一般设在国外的大学及研究院之类的教育机构中。孔子学院的管理实行理事会领导下的院长负责制，并从当地和中国选拔志愿服务的汉语教师和行政办公人员。孔子学院作为推广汉语言和传播中华文化的教育及文化交流机构，主要为所在地海外受众提供具有公共服务性质的公益性资源，如汉语相关的教育培训及文化交流等。因此，孔子学院符合非政府组织的组织性、非政府性、非营利性、自治性、志愿性特点。③

二、孔子学院对汉语文化国际传播的意义

语言是文化的载体，语言传播是国家文化和形象传播的重要途径，语言传

---

① 参见《英国UCL教育学院孔子学院院长获大英帝国官佐勋章》，http://www.hanban.edu.cn/article/2018-01/16/content_715400.htm。

② 参见孔子学院官网介绍，http://www.hanban.org/confuciousinstitutes/node_10961.htm。

③ 参见宫兆轩：《文化作为非政府组织公共议题的传播研究——以孔子学院为例》，《当代传播》2013年第3期。

播能力亦是国家文化软实力和国际传播能力的重要构成。[①] 孔子学院是以推广汉语为基本任务的非营利性教育机构，是力图通过汉语文化的国际推广来建构我国国际形象的一种重要策略。目前，孔子学院通过国家的支持，在世界范围内形成了连锁品牌效应，使中华文化的海外传播从自发走向自主，意味着中国从被塑造的客体演变成自身形象塑造的主体。[②] 十余年来，随着中国的国际经济和政治地位的日益提升，孔子学院的建设不仅相应地满足了各国不同受众对汉语的需求，也使得中华文化影响力得以迅速提升，中华文化精粹得到广泛认同。更为重要的是，中国和平发展的外交理念借由孔子这一丰富的人物形象和文化内涵得到了更为形象化的国际传播。

三、对孔子学院未来进一步发展的建议

从孔子学院的发展现状来看，一方面，汉语教师缺口大和教师任期短导致汉语师资力量薄弱，严重制约着孔子学院的长足发展；另一方面，孔子学院现有的适用于不同语系、不同国度、不同受众群体并为之喜闻乐见的高质量教材比较匮乏，一定程度上降低了汉语的传播速度与效率。[③] 对此，孔子学院应着力培养海外的汉语教师，因为他们兼具使用所在国的语言进行交流的能力和对中国文化的热爱与了解，这就使得其教学内容和方法更适合孔子学院所在国风俗和习惯[④]，有助于实现汉语国际传播的国别化发展和可持续发展。同时，应借鉴其他国家的语言培训机构如法语联盟、歌德学院等的做法，直面汉语国际教育尤其是孔子学院的发展现状及存在问题，对中国的汉语国际教育在发展模式、教育教学、教材编写、教师培养、学校建设等方面进行针对性的研究。

四、积极引导国际舆论，塑造良好的传播环境

孔子学院自2004年创办以来，一直承受着西方媒体的偏见、疑虑和质疑，孔子学院的国际舆论环境成为制约孔子学院发展的重要因素。有学者以量化的研究方法探讨西方媒体对孔子学院形成积极认知与消极认知的根源所在，研究发现：西方国家的地方性媒体对孔子学院更多地持有积极态度，主要集中于惠及地方社区和居民的相关课程、活动、资源、服务等因素；国家级媒体则更多持有消极和中立态度。与此同时，无论是地方媒体还是国家媒体，国际社会对

① 参见胡正荣、李继东、姬德强主编：《中国国际传播发展报告(2014)》，社会科学文献出版社2014年版，第173页。

② 参见刘宏：《孔子学院与中华文化的国际传播：成就与挑战》，《公共外交季刊》2012年第4期。

③ 参见张艳杰：《孔子学院汉语国际传播十年回眸》，《哈尔滨师范大学社会科学学报》2014年第5期。

④ 参见王露曼：《孔子学院国际传播的现状和发展趋势》，湖南大学硕士学位论文，2014年。

孔子学院的负面认知主要集中于政治因素，这其中包括孔子学院与中国政府的关系及其浓厚的政治色彩。[①] 所以，在国际舆论的引导方面，应积极与当地媒体沟通、联系，邀请当地媒体对孔子学院的活动进行报道，增进理解与沟通，增信释疑，减少不协调的论调，为孔子学院的海外拓展提供良好的国际舆论环境。

相关链接及参考阅读

[1]孔子学院总部\国家汉办官网：http://www.hanban.edu.cn/。

[2]网络孔子学院官网：http://www.chinesecio.com/。

[3]“汉语桥”官网：http://bridge.chinese.cn/。

[4]《英国 UCL 教育学院孔子学院院长获大英帝国官佐勋章》，http://www.hanban.edu.cn/article/2018－01/16/content_715400.htm。

[5]戴蓉：《孔子学院与中国语言文化外交》，上海社会科学院出版社 2013 年版。

[6]吴瑛：《孔子学院与中国文化的国际传播》，浙江大学出版社 2012 年版。

[7]宁继鸣主编：《孔子学院研究发展报告(2016)》，商务印书馆 2016 年版。

[8]安然等：《孔子学院跨文化传播影响力研究》，中国社会科学出版社 2017 年版。

[9]王露曼：《孔子学院国际传播的现状和发展趋势》，湖南大学硕士学位论文，2014 年版。

[10]张艳杰：《孔子学院汉语国际传播十年回眸》，《哈尔滨师范大学社会科学学报》2014 年第 5 期。

[11]张德瑞：《对孔子学院国际传播战略的思考》，《学术前沿》2016 年第 4 期。

[12]张东辉、和亚林：《孔子学院的国际舆论环境研究——基于西方媒体报道的分析》，《中国人民大学教育学刊》2016 年第 1 期。

[13]宫兆轩：《文化作为非政府组织公共议题的传播研究——以孔子学院为例》，《当代传播》2013 年第 3 期。

[14]刘宏：《孔子学院与中华文化的国际成就与挑战》，《公共外交季刊》2012 年第 4 期。

① 参见张东辉、和亚林：《孔子学院的国际舆论环境研究——基于西方媒体报道的分析》，《中国人民大学教育学刊》2016 年第 1 期。

案例 5

非政府组织:爱心跨国界慈善出国门

案例背景

在国际传播活动中,国际传播主体是指国际传播中的信息发出者。国际传播的主体不是一成不变的,而是动态发展的。随着信息技术由低级到高级发展,国际传播主体也经历了由一元(政府)向多元(政府、企业、其他社会组织、个人)的转变,其中,社会组织在国际传播活动中发挥着越来越重要的作用。"社会组织又称民间组织、非营利组织,对应国外一般称为非政府组织,在我国是指政党、政府之外的各类民间性组织,主要包括:冠以协会、学会、研究会、商会、联合会等名称的,基于一定社会关系形成的会员制组织;由民间出资成立的,直接提供各种社会服务的各种民办学校、医院、福利机构等非会员制组织;基于一定财产关系而形成的财团性组织;部分中介组织和社区活动团队。"①

国外的非政府组织(NGO)主要活跃于国际和平与安全领域、环境保护领域以及人权领域。有关国际安全与和平的国际 NGO,无论是数量、规模、涉及范围、分布地区还是影响力,都首屈一指。一些 NGO 因为成就巨大而获得诺贝尔和平奖,如"国际禁雷行动",它最初由 6 个国际 NGO 发起,到现在已经有 1400 多个 NGO 在国家、地区和全球开展活动。从中可以看出,国际 NGO 之间已不仅仅是组织内部的垂直联系,还有许多横向沟通,在一些彼此关注的问题上能够建立合作和互助关系。②

但是,目前在大多数联合国会议上,至少 80%以上的 NGO 与会者来自发

---

① 南宁市民政局:《问:什么是社会组织?》,http://www.nnmz.gov.cn/info/61449。

② 参见刘小燕、王洁:《政府对外传播中的"NGO"力量及其利用——基于西方国家借 NGO 对发展中国家渗透的考察》,《新闻大学》2009 年第 1 期。

达国家，发展中国家的声音很难被国际社会听到，利益难以得到平衡和充分保护；大部分国际 NGO 网络的节点在发达国家，作为信息的接受和发送中心，发达国家的 NGO 享有话语权，在议题的设置上有操控权，发展中国家的 NGO 事实上处于从属地位。

所以，我国应该加快培植本国的国际 NGO 力量：一方面，释放民间能量，调动民间活力，储备民间精英，学会与国际 NGO 打交道，透过国际 NGO 通道发出自己的声音；另一方面，与国内 NGO 和在华国际 NGO 进行良好的沟通，进行良性互动，将其纳入国家对外传播体系中，借助他们的力量为中国赢得良好的国际舆论，塑造负责任的大国形象。自改革开放以来，我国社会活力显著增强，民间社会组织大量涌现，通过信息交流、项目合作、会议研讨等形式，我国不断参与到全球事务中，并逐渐在国际舞台上崭露头角。

● 案例内容 ●

“中国扶贫基金会成立于 1989 年，是在民政部注册、由国务院扶贫办主管的全国性扶贫公益组织，是中国扶贫公益领域规模最大、最具影响力的公益组织之一。”[①]“中国扶贫基金会以播善减贫、成就他人、让善更有力量为使命……以期建构成为最值得信任、最值得期待、最值得尊敬的国际公益平台。”[②]自 20 世纪 90 年代以来，中国扶贫基金会实行了去行政化改革，不断开展海外公益慈善项目，尝试走出国门，致力于发展成为国际化、筹资型的基金会。

经过多年的发展，中国扶贫基金会在机构治理、组织管理和扶贫开发等方面积累了丰富的经验。随着中国综合国力的不断增强，中国逐渐从原本的受助方积极向施助方转变，中国在国际舞台上扮演的角色也有了新的定义和需求。在这种背景下，2006 年，中国扶贫基金会提出了逐步向国际化和筹资型基金会转变的发展战略，从而进一步扩大机构影响，惠及更多弱势群体。[③] 事实上，在此之前，中国扶贫基金会就已经开展了一些海外公益项目。例如，在 2005 年与国际美慈组织合作，援助印尼海啸、美国飓风及巴基斯坦地震后，向受灾民众及国家提供援助。

为进一步积极响应国家鼓励社会组织“走出去”的政策号召，中国扶贫基金会持续在欠发达国家和地区开展扶贫公益项目，将中国扶贫公益模式及项目推广到更多贫困地区。2009 年底，中国扶贫基金会设立了国际发展项目部，在海外开展了苏丹公益医院可持续运营示范项目、母婴保健网络示范项目、受援国

① 中国扶贫基金会官方网站：《基金会简介》，http://www.cfpa.org.cn/index.aspx。

② 中国扶贫基金会官方网站：《基金会简介》，http://www.cfpa.org.cn/index.aspx。

③ 参见黄浩明：《社会组织国际化战略与路径研究》，天津大学博士学位论文，2014 年。

NGO 领导人能力建设项目及国际饥饿儿童营养餐项目等。尤其是在苏丹援建的阿布欧舍友谊医院项目，这是基金会首次派人常驻受援国在社区实施的项目，该项目也因此成为了中国扶贫基金会国际化的标志性事件，更被外交部评为“2011 年公共外交典范工程”。[①] 目前，中国扶贫基金会的埃塞俄比亚公益项目主要包括国际发展项目和国际人道救援两大类。

以国际发展项目为例，埃塞俄比亚微笑儿童项目是中国扶贫基金会在埃塞俄比亚为 4074 名儿童提供免费的早、午餐的公益项目，经过长期的项目实施，当地学生的上课出勤率大幅提升，身心状况得到很大改善，学习表现和学习成绩也取得明显进步。该项目受到了埃塞俄比亚各界的高度认可，并且获得了国内捐赠人的支持。[②] 可以说，微笑儿童项目不仅帮助了埃塞俄比亚贫困家庭儿童，使他们健康成长，同时也加强了中国与埃塞俄比亚的民间交往，加深了中埃两国人民的友谊，在埃塞俄比亚民众心中树立了中国积极正面的国家形象，打造了民间帮助民间的新型模式。

2016 年，中国扶贫基金会继续稳步探索社会组织国际化模式，在亚洲、非洲和拉丁美洲开展了国际发展援助和人道主义紧急救援工作，同时在国际化倡导方面也做了大量工作，获得了东道国和国际社会的广泛赞誉。具体来说，在国际发展援助方面，中国扶贫基金会继续在缅甸、尼泊尔、埃塞俄比亚和苏丹探索海外办公室管理模式，全年在 4 个国家共实施了教育、卫生和社区发展 3 大类 11 个项目，投入善款 690 万，惠及 4 国群众 18650 人；在国际人道主义紧急救援方面，中国扶贫基金会先后开展了厄瓜多尔地震和海地“马修”飓风救援活动，得到了联合国机构、当地政府和民众和华人、华侨以及中国大使馆的高度认可，也引起了国外媒体的广泛关注，美国电视台、厄瓜多尔 TC 电视台等都正面报道了救援工作；在社会组织国际化倡导方面，中国扶贫基金会承办了商务部与欧盟组织的中欧民间对话会，应中联部邀请派代表参加了在日内瓦召开的联合国第 32 届人权大会。[③]

在社会各界的支持下，截至 2016 年底，中国扶贫基金会积极筹措扶贫资金和物资，共计金额 248.67 亿元，国内外受益贫困人口和灾区民众达 2908.72 万人次。[④] 整体而言，中国扶贫基金会开展的国际公益活动有力地宣传了中国社

---

① 参见徐静等：《中国社会组织参与全球治理的国际化战略和路径研究》，http://www.chinanpo.gov.cn/700105/92413/index.html。

② 参见中国扶贫基金会：《中国扶贫基金会 2016 年度工作报告》http://www.chinanpo.gov.cn/viewbgs.html。

③ 参见中国扶贫基金会：《中国扶贫基金会 2016 年度工作报告》http://www.chinanpo.gov.cn/viewbgs.html。

④ 参见中国扶贫基金会官方网站：http://www.cfpa.org.cn/index.aspx。

会组织，开展的国内扶贫和海外援助活动取得了丰硕的成果，也向国际社会传递了一个和平崛起、负责任的中国形象，是中国社会组织“出海”的优秀代表之一。

案例分析

一、积极发挥 NGO 组织在国际传播中的作用

伴随着全球化语境的生成以及传播观念的转变，传播主体逐渐从一元发展为多元，而新传播技术的飞速发展则使多元主体的话语表达成为可能。学者们认为，随着新媒体技术的发展和全球化的深入，国家对国际传播的掌控能力越来越低，他们更主张通过非政府组织、跨国企业等多种行为主体来实现国际传播中的国家利益。他们还认为：在保持和加强官方话语力度的同时，要特别利用好非官方的话语源，更多地通过一些非政府组织、智库等来表达观点，传递思想，形成与官方话语互动配合的局面。①

二、将非政府的跨国传播活动纳入国家的国际传播体系中

非政府组织虽然具有“非政府”和“非官方”的色彩，其中的一些甚至还持反官方的立场，但从总体上看，非政府组织与政府之间的互动关系是十分明显的。自美国福特基金会 1988 年 1 月在北京设立办事处算起，中国与国际 NGO 打交道至少已经有 30 年历史，但愿意为中国政府发音的 NGO 还较少，因此，弥补中国国际传播中的 NGO 缺失、加快 NGO 的建设已成为当务之急。除了联合国际 NGO 以外，培育和支持国内 NGO 的发展是十分必要的，应将国内 NGO 的跨国活动纳入到国家的国际传播体系中。目前，中国扶贫基金会高层达成了国际化战略的共识，十分重视基金会的“走出去”任务，制定了由秘书处统筹、国际发展部具体实施、其他各个部门互相配合的国际化工作方针。

三、选择本土或国际知名的 NGO 合作

国家政府与本土 NGO 的合作，可以增强其合法性以及在本土的影响力，而选择与国际知名 NGO 合作，则可借鉴其经验并构建援助网络乃至进入联合国合作体系，有助于降低风险并迅速融入国际社会组织。② 如我国对印尼的援助

---

① 参见黄艾：《国际传播的研究热点回顾与趋势展望——2012 国际传播文献综述》，《对外传播》2012 年第 12 期。

② 参见徐静等：《中国社会组织参与全球治理的国际化战略和路径研究》，http://www.chinanpo.gov.cn/700105/92413/index.html。

中，与国际美慈组织合作；对日本、海地、缅甸等援助中，选择与联合国粮食计划署合作；等等。在这些援助中，我国以人道主义紧急救援为切入点，从国内外国际性民间组织的发展经验看，人道主义紧急救援是很多情况下进入受援国的最佳机会。人道主义紧急救援与发展援助相比，往往在执行国际化任务时更容易获得公众认同。①

相关链接及参考阅读

[1]中国社会组织网：http://www.chinanpo.gov.cn/index.htm。

[2]中国扶贫基金会官方网站：http://www.cfpa.org.cn/index.aspx。

[3]徐静等：《中国社会组织参与全球治理的国际化战略和路径研究》，http://www.chinanpo.gov.cn/700105/92413/index.html。

[4]百度知道：https://zhidao.baidu.com/question/1111396357873080379.html。

[5]刘小燕、王洁：《政府对外传播中的"NGO"力量及其利用——基于西方国家借NGO对发展中国家渗透的考察》，《新闻大学》2009年第1期。

[6]黄艾：《国际传播的研究热点回顾与趋势展望——2012国际传播文献综述》，《对外传播》2012年第12期。

[7]徐静等：《中国社会组织参与全球治理的国际化战略和路径研究》，http://www.chinanpo.gov.cn/700105/92413/index.html。

[8]黄浩明：《社会组织国际化战略与路径研究》，天津大学博士学位论文，2014年。

[9]贾西津：《NGO：国际视野与中国发展》，《当代世界》2010年第6期。

[10]黄浩明、石忠诚等：《中国社会组织国际化战略与路径研究》，《中国农业大学学报(社会科学版)》2014年第2期。

[11]逯莹：《中国社会组织国际化浅析——以全球能源研究所为例》，《黑河学刊》2011年第6期。

① 参见黄浩明：《社会组织国际化战略与路径研究》，天津大学博士学位论文，2014年。

案例6

跨国企业:华为品牌,中国形象

案例背景

跨国企业是一种国际性的盈利组织,是以本国为基地,通过对外直接投资,在世界各地设立分支机构或子公司,从事国际化生产和经营活动的企业,其经营范围和用户市场遍布全球,苹果、三星、华为等均属于此类。跨国企业具有超越国家的性质,其所有的信息传播活动——无论是内部的企业生产信息交流还是对外的广告、公关宣传都带有国际传播的性质。跨国企业经济实力雄厚,它们不但是企业自主信息的传播者,其跨国经营行为通常也是各国媒体关注的焦点。因此,跨国企业的国际传播活动具有经常性和持续性的特征,它们所从事的国际传播活动,是国际传播信息流中很重要的一部分,跨国企业已经成为当今国际传播的主体之一。

据2017年5月8日《人民日报》报道,“进入新世纪之后,特别是党的十八大以来,在‘一带一路’建设的带动下,我们加快‘走出去’步伐,增强企业国际化经营能力,中国的跨国公司从小到大、从少到多、从弱到强,逐步成长为全球跨国公司大家庭中的重要一员”①。“华为、海尔、吉利、五矿、中石油、中石化、三一重工、阿里巴巴……越来越强的中国企业走出国门、走向海外,把生意做到了全世界。”②中国涌现的跨国公司,业务遍布全球,境外营业收入、贡献利润占到相当比例,有的甚至超过一半,具有明显的跨国公司性质。中国企业联合会的调研表明,2016年,中国跨国公司中前100名的海外资产总额达到7.1万亿元,比5年前提高了1.18倍;海外营业收入达到4.7万亿元,比5年前提高了52.6%;

① 刘志强:《中国的跨国公司什么样》,2017年5月8日《人民日报》。

② 刘志强:《中国的跨国公司什么样》,2017年5月8日《人民日报》。

海外员工总数达到 101 万人，比 5 年前提高了 1.4 倍。①

中国的跨国公司通过在境外建立研发中心或并购等方式，积极融入全球创新网络，向全球价值链高端进军。比如海尔，已在发达国家初步树立了中高端形象，其出产的冰箱在欧洲市场单价从 2004 年的 99 欧元，提高到平均 500 欧元，最高达到 2999 欧元。又如华为，其“全球品牌知名度连年提升，还获得了西方媒体的赞誉：‘如果没有华为，西伯利亚的居民就收不到信号，乞力马扎罗火山的登山客就无法找人求救。’”②

2017 年 1 月，WPP 传播服务集团和凯度华通明略（Kantar Millward Brown）联手 Google 发布首期“BrandZ 中国出海品牌 30 强”排行榜及报告，公布了海外市场经营最成功的中国品牌。在中国出海品牌 30 强榜单中，联想、华为和阿里巴巴分别位列前三名。总体来看，该榜单中互联网企业有 15 家，占据一半。榜单显示，电子品牌占排行榜品牌力总分的 40%，其中，联想、华为、小米分列第一、第二、第五。电子和移动游戏品牌在排行榜上了占据超过半数的席位和品牌力份额。这种格局反映了中国“国家品牌”的转型——海外消费者日益将其与创新型数字设备及服务联系在一起。该报告还得出了以下四个主要结论：第一，消费者对中国产品的负面认知正在下降；第二，科技品牌正在缩小“认知度差距”；第三，互联网驱动品牌潜力巨大；第四，中国品牌行动速度往往快于西方品牌。随着近年来中国企业对产品差异化和技术核心竞争力塑造的重视，越来越多中国制造的商品在海外正以崭新的高品质面貌呈现于消费者面前，改变了“中国制造”等于“低端商品”的负面评价，改变了“中国制造”海外消费者心目中的负面印象。

案例内容

华为在品牌国际化和国际传播策略方面可以说是中国出海企业中的翘楚，由于华为的智能手机销往全球，营销及品牌战略注定要走全球化路线。

以 2016 年 4 月出品的 P9 手机为例，华为重金邀请了“黑寡妇”扮演者斯嘉丽·约翰逊和“超人”扮演者亨利·卡维尔代言，以其好莱坞一线巨星的影响力为华为品牌宣传造势。总体来看，华为针对全球各个区域市场，“入乡随俗”地制定了本土化营销方案。比如在欧美市场，华为将目光聚焦于用户参与度极高的体育活动及赛事，先后赞助过包括意甲 AC 米兰、英超阿森纳、法甲巴黎圣日

① 参见刘志强：《中国的跨国公司什么样？》，2017 年 5 月 8 日《人民日报》。

② 参见刘志强：《中国的跨国公司什么样？》，2017 年 5 月 8 日《人民日报》。

耳曼等欧洲五大足球联赛中的诸多传统强队。[①] 虽然华为智能手机的品牌历史并不长，在很多地区的品牌宣传也相对较晚，然而通过一段时间的品牌推广，华为智能手机的国际知名度显著提升。由中国传媒大学国家传播创新研究中心联合国家语言资源监测与研究中心联合发布的《中国国际传播力》系列报告显示，华为位列中国企业国际传播排行第二名。[②]

于英国举办的华为 P9 手机新品发布会上，不少外国媒体发布了对华为 P9 的观点：英国《卫报》认为，华为最新发布的 P9 和 P9PLUS 这两款智能手机将对苹果的 iPhone 和三星的 Galaxy 系列形成威胁；美国《华尔街日报》也持有相同的观点，更是直称华为是世界上第三大智能手机制作商。而不少购买了华为手机的外国用户在使用以后，更是在亚马逊给出了极高评价，其中一位用户表示，在用过黑莓、摩托罗拉、索尼爱立信等众多品牌的手机后，华为是他的挚爱。[③]

在海外宣传上，华为定位清晰、以情动人，成功地进行了跨文化传播。如近期华为的海外宣传片 Dream It Possible(《我的梦》)在国内外社交媒体上引发了大量关注与评论。这则短片由华为联手好莱坞影视制作公司 Wondros 共同打造，生动讲述了一个名叫安娜的女孩追求钢琴的梦想和她 15 年的成长历程，再现了她与整个家庭在追梦路上的众多生活场景，从家庭琴房到学校课堂、餐厅，安娜在祖父和家人的陪伴、支持下，通过不懈的坚持与努力，最终登上了维也纳音乐厅的舞台，实现了自己的人生梦想。而短片最终，女孩拿出手中的华为 P9 紧紧搂在怀中，观众此时才明白原来这是华为的广告。[④]

这则宣传视频的背景音乐选用了华为手机品牌音乐 Dream It Possible(《我的梦》)。短片采用了电影拍摄手法，时间跨度长，场景华美，人物设定丰富，情节流畅，温情呈现了一个普通追梦女孩浓缩的一生。华为的这则宣传片让万千网友感动、共鸣。国外 YouTube、Twitter 等社交媒体的用户评论称赞这则宣传片是"很棒的艺术品""一首感人的歌和一个感人的故事""让人泪流满面"等。国内博客评论它"故事很轻，感动很重"。[⑤]

"总结来说，华为虽然以科技起家，但更愿意从消费者的内心出发，为消费

---

① 参见谷晓丹:《卖了 900 多万？华为和斯嘉丽在一起做了什么》，http://www.adquan.com/post-2-35187.html。

② 参见《中国企业国际传播力哪家强？联想、华为和腾讯列前三》，http://news.xinhuanet.com/politics/2017-01/12/c_129443490.htm。

③ 参见《外国人眼中的华为：全球最大的通讯设备制造商》，http://www.c114.net/news/126/a969253.html。

④ 参见《华为海外感人宣传片〈Dream It Possible〉网上走红》，http://tech.huanqiu.com/digiEnterprise/2016-11/9631301.html。

⑤ 参见《华为海外感人宣传片〈Dream It Possible〉网上走红》，http://tech.huanqiu.com/digiEnterprise/2016-11/9631301.html。

者提供真正需要和喜欢的产品和服务。相比技术的生硬与冰冷，这样的用心是柔软的、有温度的。……华为更愿意从消费者的角度来思考，将品牌文化与消费者文化加以巧妙融合。以往华为更注重科技层面的宣传，每一项技术的研发和突破都是重磅的、领先的。而现在华为更注重宣传品牌层面的亲和力，正如这部宣传片所传达的情感一样，结合对梦想执着追求的深刻经验，辅以家庭、亲人、音乐等温情因素，走进消费者的内心世界，与他们在精神层面交流，潜移默化与消费者建立品牌沟通与共鸣。这种全新策略是一种友好的品牌姿态，华为开始变得更酷，而且更亲。"①

案例分析

一、情感诉求广告，成功跨越文化差异

短片的主题音乐 Dream It Possible，无论是歌名还是歌词，都暗藏了华为想要对大众诉说的品牌理念：梦想，华为有着成为世界级大品牌的信念；可能，华为会为了实现这个可能而不断努力，就像片中那个追梦的女孩一样，走出狭小的只属于自己的天地，走向世界级的舞台。华为会越来越与国际接轨，打造世界品牌。这是华为通过这支宣传片向我们展示的积极而无畏的态度：相信自己，敢于挑战，追逐梦想。这个宣传片也被万千网友形容为"神级"宣传片，还有网友说它已经超越歌曲诠释的层次和境界。华为以消费者感知为出发点的用心得到了广泛认同。华为这一宣传片为广大受众营造了一个有人情味的印象，成功做到了品牌情感化，不仅将产品赋予功能价值，更赋予了情感价值。真正的国际语言是讲故事。恰当地运用镜头，使故事拥有戏剧性的变化起伏，是实现产品国际化的保障。华为不仅讲述了中国，也讲述了人类共同的心灵触动和情感诉求。而共同的情感是可以跨越民族、跨越文化的，华为的广告以人类共同的情感为纽带，成功传递了企业精神，塑造了良好的企业形象。

二、专注研发创新，改善中国企业形象

众多海外用户赞誉华为，也是因为它对于研发和创新的重视。2016 年华为公布的年报中，华为在 2016 年投入研发的支出高达 764 亿。对于智能手机产品，华为视研发与设计为一体，认为手机不仅应具有强大的性能和领先的科技，在整体设计上也要引领审美潮流、满足消费者的体验需求。华为对建构中国企业的国际形象的最重要的贡献在于其对知识产权保护的推动。知识产权保护

① 《华为海外感人宣传片〈Dream It Possible〉网上走红》，http://tech.huanqiu.com/digiEnterprise/2016－11/9631301.html。

意识缺乏，历来是中国国家形象被诟病的重要方面，也是海外消费者对中国企业的固有认知。多年来，华为始终坚持大力投入研发、凭借技术创新以获取自身商业模式的成功。特别是近几年来，华为开始高调地与思科、三星等同类国际企业展开知识产权方面的法律诉讼，不仅在一定程度上推动了中国国内知识产权意识的提升，也逐步地开始改变中国企业由来已久的“山寨”“盗版”的国际形象。毫无疑问，华为现今作为全球知名的通信设备、智能终端生产企业，强有力地助推了中国从“低成本制造国”形象到“全球创新领导者”形象的转变。①

三、深耕国际营销，代言全新中国形象

一国的代表企业是一国国家形象的重要指标。因此，中国企业肩负着让中国文化走出去、塑造国家形象的重要责任。对于中国文化的国际传播而言，除了传统的中国元素，还应与开放创新的现代中国元素相结合。目前，华为不仅以过硬的产品质量和良好的产品服务获得了全球用户的信任和依赖，展现出了古老中国诚信、可靠的民族形象，还在全球各个区域市场的本土化营销中，传播了起源于中国本土的一种开放精神。“Huawei”由两个汉字组成，第一个字是“华”，在古汉语里是和“花”通用的字，不过再后来逐渐特指“中国”“中华”；第二个字是“为”，在汉语里的意思是“作为”或“成就”。而“华”“为”连起来，在字面上就可以翻译为“中华之作为”。②

华为作为中国企业的优秀代表，改变了国际市场中我国企业的固有形象——从制造到智造，从低端到高端，从模仿到原创，为世界提供的是集聚了中国传统优良品质与新时代科技创新相融合的产品与理念，向全球消费者传递了诚信、开放、创新、精致的全新中国形象。走出去的中国企业已经成为承载中国形象和国家对外传播与文化输出的一个关键，在推进公共外交、展示中国形象、诠释中国梦等方面发挥着重要作用。

相关链接及参考阅读

[1]《持续的体育营销给华为带来了什么?》，http://tech. ifeng. com/a/20150728/41404586_0. shtml。

[2]《华为全球业绩亮眼，体育营销或是神助攻》，http://china. huanqiu. com/co－release/2016－08/9309666. html。

[3]《〈中国国家形象全球调查报告 2015〉权威发布》，http://finance. people. com. cn/n1/

① 参见郑雷、江苏佳：《企业战略与国家形象传播——以华为公司为例》，《青年记者》2017 年第 3 期。

② 参见孙文文：《外国人眼中的华为：全球最大的通讯设备制造商》，http://www. c114. net/news/126/a969253. html。

2016/0907/c1004－28698738. html。

[4]谷晓丹:《卖了 900 多万？华为和斯嘉丽在一起做了什么》,http://www. adquan. com/post－2－35187. html。

[5]《中国企业国际传播力哪家强？联想、华为和腾讯列前三》,http://news. xinhuanet. com/politics/2017－01/12/c_129443490. htm。

[6]《外国人眼中的华为:全球最大的通讯设备制造商》,http://www. c114. net/news/126/a969253. html。

[7]《5216 亿！交出好“答卷”被国人点赞,因为华为做对了这几件事》,http://mini. eastday. com/mobile/170402020615387. html。

[8]《华为海外宣传片〈Dream It Possible〉惊艳亮相让人泪流满面》,http://www. iimedia. cn/46121. html。

[9]郑雷、江苏佳:《企业战略与国家形象传播——以华为公司为例》,《青年记者》2017 年第 3 期。

[10]米金升、田恬:《着力“公共外交”,以企业传播塑造国家形象——中国企业“走出去”的传播策略》,《青年记者》2014 年 10 期。

[11]杨超:《中资企业品牌国际化传播策略研究——以中资商业银行国际传播案例为例》,对外经济贸易大学硕士学位论文 2014 年。

[12]聂丹:《视觉表征 ACTS 模式下的华为海外宣传片研究》,中信出版社 2016 年版。

[13]胡正荣、李继东、姬德强:《中国国际传播发展报告(2015)》,社会科学文献出版社 2015 年版。

案例7

名人主体：篮球明星与野生救援

案例背景

国际传播是指超越各国国界的传播，即在各国家之间进行的传播。在这样一个宽泛的概念下，国际传播涉及了许多领域，国际传播与国家形象就是其中的重要内容。个体传播与国家形象的国际传播存在着一种互动的关系，即国家参与了个体尤其是名人的个体传播；而个体传播，在某种程度上则是国家形象国际传播的一个重要维度。尤其是在中西意识形态、政治制度相异的环境下，个体传播将成为中国以政府为主体的国际传播的必要补充。

作为国际传播主体的个人，可以是名人，也可以是普通人，这二者各有其优势，各有其特点。名人有"明星效应""粉丝效应"，尤其是国际明星，在全球范围内都具有知名度和影响力，利用名人的"明星效应"进行国际传播是一种有效的方式。原英国首相丘吉尔曾说过："我宁愿失去一个印度，也不愿失去一个莎士比亚。"第二次世界大战后德国国家形象改善的一个重要战略，即"唤醒死人"，翻炒德国辉煌的古典思想。在美国广告节上获奖的韩国观光局拍摄的广告"Korea Sparkling"，就是由韩国当红的演艺明星 Rain 代言的。此外，韩国还根据目标国家的不同调整广告代言人，如 2010 年韩国观光局在日本投放的广告代言人则是在日本颇具影响力的韩国艺人裴勇俊。所以在国际传播活动中，我们需要培养、造就和利用具有国际影响力的本土公众人物，使之承载中国元素、观念和文化，来实现国家形象表达的人格化。如姚明、刘翔、成龙、李连杰等演艺界、体育界明星都参与过国际公益组织的宣传，或是作为国家形象代言人，参与过宣传片的拍摄。

案例内容

作为NBA最具影响力的中国球员，姚明以其卓越的领导才能和非凡的运动天赋受到以美国为代表的西方主流社会的认可，姚明也因此成为美国以及西方世界了解中国的窗口。姚明拥有庞大的粉丝群，除了代言商业性广告以外，自2005年起，他就积极参与到野生救援（WildAid）[①]开展的对野生动物的保护活动中。野生救援传递的信息简短有力："没有买卖，就没有杀害！"野生救援拥有包括姚明、成龙、李冰冰以及威廉王子、贝克汉姆在内的近百名公益大使，通过这些公益大使的榜样作用，野生救援正在不断改变公众对濒危野生动物制品的消费意识，建立公众减少碳排放行为的生活态度。[②]

2005年，姚明为野生救援拍摄了第一条公益广告——《子弹》，这是他为保护大象所做的公益广告，在广告中姚明飞身封盖，挡住了正在射向大象的子弹，画面极具视觉冲击力。

2006年8月2日，姚明同李宁和刘欢等知名人士共同出席了由野生救援组织的"护鲨行动从我做起——姚明等亲善大使公益宣传暨鲨鱼保护行动新闻发布会"，共同发布了保护濒临灭绝的生物特别是鲨鱼的宣言。姚明在发言中郑重申明："今后，我本人在任何时间、任何情况下都拒绝食用鱼翅。为了我们的未来，请和我一起来保护濒临灭绝的野生动物。"

2009年，姚明为野生救援拍摄了第二条公益广告：《拒绝食用鱼翅》。

2012年，姚明与野生救援的创始人奈彼德一起前往肯尼亚和南非，开始野生动物保护纪录片《野性的终结》的拍摄之旅。在纪录片中，姚明跟随科学家和动物保护专家一起进入大象和犀牛的栖息地，了解它们真实的生活，并试图弄清来自地球另一端的不断扩大的象牙和犀角需求对这些动物种群造成的灾难性影响。

2013年，姚明携手英国威廉王子以及已经退役的足球明星大卫·贝克汉姆在英国的温布利大球场拍摄了一条呼吁保护犀牛、拒绝买卖犀牛角的公益广告。片中强调，目前全世界剩余的犀牛数量仅仅只能填满一座足球场。三人借此呼吁民众停止买卖犀牛角，让犀牛得以继续繁衍下去。这支广告采用英语、汉语和越南语三种语言制作，在贩卖盗猎比较严重的地区播放。姚明还参加了东方卫视《越野千里》的录制，和贝尔·格里尔斯一起深入自然，荒野求生。他

① 野生救援（WildAid）是在美国注册的非营利、非政府的国际环保组织。

② 参见《野生救援介绍》，http://www.wildaidchina.org/ContentPage/1。

和贝尔此行的目的正是“帮助阻止象牙交易，为我们的子孙后代保护大象”①。

姚明的一系列行动也引起了国外主流媒体的关注与报道。2014 年 2 月 14 日，英国广播公司（BBC）对姚明进行了专访，并发表了题为“Yao Ming joins campaign against illegal wildlife trade”的报道；2014 年 8 月 11 日，美国全国广播公司（NBC）发表了题为“Ex-NBA Star Yao Ming Aims to Wean China Off Ivory and Shark Fins”的报道；2014 年 9 月 14 日，《华盛顿邮报》发表了题为“Yao Ming aims to save Africa's elephants by persuading China to give up ivory”的报道。西方主流媒体的关注和报道，有利于姚明的个人形象以及其背后的中国的国家形象的展示。一方面，姚明对野生动物保护事业的关注不仅仅是他个人责任心的体现，也是对中国的负责任大国的形象的展示；另一方面，这种十多年持续关注野生动物保护的行为，不仅体现了姚明个人坚持不懈的品质，也潜移默化地向国外受众呈现了中国人持之以恒的品质。

案例分析

一、名人的双重身份在国际传播中的作用

姚明参与国家形象传播是基于其篮球明星的身份。这当中存在两类传播路径，一类是姚明作为篮球明星的显性传播；另一类则是姚明基于其中国人的身份的隐性传播。这两类传播共同构建了姚明作为个体参与国家形象传播的过程。姚明进入美国人视野时的首要身份是篮球运动员，他凭借自身的实力进入 NBA 赛场，并通过自己的努力获得对手和球迷的认可，成为一位 NBA 篮球明星。这个身份使他进入了篮球明星领域、广告领域及出版领域，在以姚明的篮球明星身份为依托的其他各类传播背后，是中国文化的传播和国家形象的展示。②

二、个体传播与国家形象的国际传播的互动性体现

个体既凭借自己的优势和特长在世界舞台上展现自我，其背后的国家身份，也能成为其独特的传播符号，帮助其更好地进行个体的国际传播。个体传播的过程是一个显性过程，是一条从个人到明星的传播上升通道。而国家形象在这条个体传播的通道中，通过个体的行为、言谈和参与的活动，也逐渐得以展

① 《贝爷上传荒野求生视频和姚明呼吁阻止象牙交易》，http://sports.163.com/16/1201/16/c77APPSMOOOS877V.html。

② 参见赵凌：《个体传播与国家形象传播互动路径探究——以姚明个体传播为个案》，《当代传播》2012 年第 6 期。

现。从姚明对家庭的坚守、对慈善的关注以及对国家的热爱等一系列个体形象的建构，在其中国人身份的映照下，也传递出中国的积极形象。但要指出的是，这种个体传播与国家形象的国际传播的互动是把双刃剑，个体，尤其是明星个体，如果出现负面形象，也将对国家形象造成一定的影响。

正如罗伯特·福特纳所言，国际传播具有政治本质。姚明在2002年进入NBA时，状元秀固然是一个卖点，而其中国人的身份也成为媒体关注的焦点，这也正是姚明作为个体参与国家形象建构的过程。个体传播与国家形象国际传播的互动，取决于个体自身传播的条件和背景，中国元素在个体传播中会被背景化，进而使中国的国家形象的隐性传播成为可能。近年来，中国政府一直致力于提高中国的文化软实力，打造提升中国的国际形象。以政府为主体的国际传播与以个体传播为载体的国家形象的国际传播相结合，优势互补，将能取得国际传播的良好效果。①

相关链接及参考阅读

[1]野生救援官方网站：http://www.wildaidchina.org/ContentPage/1。

[2]姚明：《永持初心》，中信出版社2014年版。

[3]倪震洲：《全球语境下的国家形象传播——以姚明为例》，《新闻实践》2012年第2期。

[4]郑晓霞：《试析体育名人"正效应"释放其正能量》，《体育世界》2013年第12期。

[5]曹晋：《体育明星的媒介话语生产：姚明、男性气质与国家形象》，《新闻大学》2007第4期。

[6]李孟淇：《浅析姚明在中国国家形象中的代言作用》，《改革与开放》2013年第10期。

[7]薛可、黄炜琳、鲁思奇：《中国国家形象个人代言的传播效果研究》，《新闻大学》2015年第2期。

[8]赵凌：《个体传播与国家形象传播互动路径探究——以姚明个体传播为个案》，《当代传播》2012年第6期。

① 参见赵凌：《个体传播与国家形象传播互动路径探究——以姚明个体传播为个案》，《当代传播》2012年第6期。

案例 8

个体传播:民间舆论,抵制歧视

案例背景

在传统研究中,国际传播的主体主要是国家政府、国家领导人以及其他有影响力的国际组织。随着新媒体的发展,国际传播的主体也变得多元化,覆盖全球的新媒体传播及其互动性本质特征改变了以国家政府及其媒体机构为主导的传统的国际传播格局,形成了有公民主体与社会组织参与的"后国际传播时期"。

新媒体技术催生的社交化移动传播平台,提高了公民参与国际传播的可能性。社交媒体是人们彼此之间分享经验和观点的工具和平台,现阶段主要包括社交网站、微博、微信、博客、论坛、播客等。社交媒体在互联网的沃土上蓬勃发展,爆发出令人眩目的能量,其传播的信息已成为人们在互联网浏览的重要内容,不仅制造了人们在社交生活中争相讨论的一个又一个热门话题,更进而吸引传统媒体争相跟进。Facebook、Instagram、Twitter、YouTube 等都已经成为个体参与国际传播的最佳民间平台,通过这些平台,每个人得以直接与地球另一端的任何人对话交流;公民掌握的传播能力消弭了时空差、国界差,再强大的屏蔽技术也难以真正让人们闭目塞听,各种意识形态之争将更为复杂和多样。①

中国网民就利用新媒体技术在国际传播中产生了积极的影响:针对西方个别媒体对拉萨"3·14"事件的不实报道,清华大学学生饶谨以个人的力量创办了反 CNN 网站(www. anti-cnn. com),该网站秉持客观公正的原则,通过真实的图片、音频、文字信息,有力地批驳了西方个别媒体的扭曲报道,向世界讲述了事件的真相,为我国国家形象的修复发挥了重要的作用。2016 年 1 月,在百

① 参见金文恺:《全球化与国际传播:媒体与公民的世界性互动》,《新闻爱好者》2016 年第 10 期。

度贴吧“李毅吧”的提议下，中国大陆网民以“反台独，促统一”为号召，在《苹果日报》、三立新闻台和蔡英文等的 Facebook（后文简称“FB”）主页大量发布评论刷屏，逼迫三立新闻台和蔡英文的 FB 主页关闭评论或删文，在国际社会上展现了中国网民热爱祖国、维护统一的决心。2013 年 10 月，名为“复兴路上”的网友向优酷网上传了《领导人是怎样炼成的》视频的中、英文两个版本，在不到三天的时间里被点击收看了 100 多万次，美国《时代》周刊和《纽约时报》同时发文评论称中国领导人的塑造比以往更加形象。2018 年 1 月，中国学生在美国版知乎 Quora 上回答外国网友提出的中国穷不穷的问题，赢得了 2400 个赞，他通过图片和文字真实客观地展现了中国面貌：我们有上海这样的国际大都市，也有偏远的山区；我们的城市有时候被雾霾笼罩，也有山清水秀的“人间四月天”；我们的孩子有的无忧无虑，也有的从小就要替家里人分担生活重担……这也是世界上很多其他国家的国情的真实写照。现在，很多中国网友勇敢、自信地在世界舞台上发出我们自己的声音，让更多人看到，一个真实的中国究竟是怎样的。

这些案例都说明个体可以通过社交媒体就某个议题或新闻事件而集结并产生互动，形成群体，从而形成具有一定态度倾向的国际舆论，产生良好的国际传播效果。

案例内容[1]

2017 年 11 月 28 日的维密秀[2]在中国上海举行，当红国际模特 Gigi Hadid 受邀参加走秀，遭到了中国网友的抵制。大规模的网络抵制引起了外媒的关注，如美国网站 Buzzfeed 刊载了名为“Chinese People Are Flooding Gigi Hadid's Instagram Telling Her She Is Not Welcome in China”（中国人涌入 Gigi 的 Instagram 美国网站，告诉她，他们不欢迎她去中国）的文章；Next Shark 网站刊登“因为 ins 上的‘歧视’视频，中国网友警告 Gigi 不要来中国”；*ELLE* 刊登了“Chinese Netizens Warn Gigi Hadid to stay Out of China Over ‘Racist’ Intagram Video”（在“歧视”视频之后，Gigi 被警告不要来中国参加 2017 年的维密秀）……

此事始于 2017 年 2 月，Gigi 在社交媒体上发布了一则视频，视频中她手拿一块印有佛像的饼干，模仿饼干中的表情做出“眯眯眼”的动作。这段视频在 Instagram 上发布后，引起了轩然大波。因为在欧美国家，“眯眯眼”在很多人眼

---

① 参见《涉嫌歧视华人的女模 Gigi 引中国网友愤怒值爆表!》，http://www.sohu.com/a/169445330_497278。

② 维密秀全称为“维多利亚的秘密时尚秀”，是由美国女性内衣与睡衣品牌“维多利亚的秘密”主办的年度时装表演。

里是约定俗成的歧视亚洲人外貌特征的动作。很多中国网友去她的社交账号下留言要求她道歉，迫于压力她不得不关闭了 Instagram 的评论和留言功能。投票结果显示，有 1/3 的网友认为这是一个无心的玩笑，有 2/3(约 52500 人)的网友认为 Gigi 的这个行为属于种族歧视。事发之后很长一段时间，Gigi 对这个事件一直没有公开表态，更没有公开道歉。

后来，虽然她在与朋友的私信中坦言自己毫无冒犯之心，可是无论如何，国内外的网友们对她的愤怒不减，在网络上留言道："如果 Gigi 道歉了，那我们也不会说啥；如果她不道歉，我们不同意她成为 2017 年的维密天使，不同意她来上海！""中国不欢迎你！""走开，种族歧视者！""向亚洲人道歉！""请不要再告诉有色人种什么时候他们该感到受到侵犯，什么时候又不该介意。她在做这个动作的时候，明显知道这个动作暗指的是什么。如果中国人想要一个道歉……那这是他们的权利。不管你对这个动作是怎么理解的。""她为啥不道歉？视频刚出来的时候，她就应该道歉。"最终，Gigi 的官博发了一条微博进行道歉，为了表示诚意，不只有英文版，还有简体中文版，她在微博中说自己从来没想过要冒犯任何人，也真挚地想要道歉，"对于中国人民有极大的尊重与爱"，并珍惜到访中国的点点滴滴，以后她将会谨言慎行。

事实上，2017 年在上海举行维密秀的消息确认之后，不少网友和自媒体还发起了举报活动，号召大家到"12318"全国文化市场举报网站去进行举报，要求拒绝 Gigi 在中国进行表演。因为多次涉嫌种族歧视，很多网友在网上刷出相关话题，并举报她的歧视行为，表示坚决抵制其登上今年的维密舞台。最终的结果是，Gigi Hadid 无缘上海的维密走秀。

案例分析

一、新媒体技术使个体参与国际传播成为可能

在网络传播中，作为受众的个体不但可以便捷地获取信息，还可以主动发布信息，成为独立的传播个体。网络传播带来的集传、受角色于一体的特性，极大地改变了传统媒体下的传受关系格局，使个体成为国际传播主体之一。个人传受的交互性，同时也使公众舆论的形成与表达变得更加直接了。过去舆情只能通过间接的民意调查获取，而现在的舆情，包括针对即发性重大事件的舆论，都可以随时从网上获得，这就使信息的公开性与透明度大大增强了。个体参与国际传播，一则可以作为传播主体，在新媒体技术的支持下积极参与国际事件，通过转发、评论，最终形成舆论态度；二则可以作为传播内容，从个体角度代言民族形象、国家形象并参与到其中的构建，从而达到良好的国际传播效果。

二、中国网民在改善我国在国际舆论和国际传播中的形象方面发挥了积极作用

CNNIC(中国互联网信息中心)的报告显示,截至2015年12月,我国网民数量达6.88亿,互联网普及率为50.3%。全球性的网络技术和信息流通,微博、微信、客户端、微视频等移动新媒介加速发展,进一步改变了国际舆论格局。专家、学者乃至草根评论员等个体纷纷加入对信息的传播和解读,促进了国内外信息互联互通,形成议程设置、升级和转移的现象。国内外话题促使我国互联网上国际舆论场的成型与茁壮成长,名模的案例、"反CNN"的案例以及中国学生回应"中国穷不穷"的问题的案例都体现了中国网民的积极性。2015年巴黎恐怖爆炸袭击事件发生后,路透社在其发布的文章中称"中国媒体利用巴黎恐怖袭击煽动国内民族情绪",立即引起我国网友的批评。大量网友对路透社在反恐问题上的双重标准表达了不满,微信上出现"致路透社的公开信"等多种方式的抗议。可以看出,在当今媒体技术环境下,社交媒体的力量对国际议题形成和舆论走向均发挥着重要作用。

三、提升个体的国际媒介素养,塑造良好的国际形象

国际传播力的发挥最终要依靠国际媒介素养的提升。[①] 互联网的应用使大部分用户具备了较高的媒介素养。这首先体现在用户对媒介技术的熟练使用方面。用户在对媒介技术的接触中,会选择合适的媒介进行传播。其次,个人在国际传播中对语言的运用更加规范,这得益于民众受教育程度的提高——大部分网友都可以掌握一门外语。再次,国民素质的提高也带来了话语的规范化。但也不乏一些网友用不文明、不理智的言辞实施"语言暴力""网络暴力",从而带来一定程度的负面影响。同时,鉴于个人参与网络传播具有自发性,意见表达有自主性,所以在对待重大国际议题时,需要形成话语一致性,需要主流媒体加强对网友的舆论引导,帮助网友树立正确的舆论观,传播正确的国际话语和意见,避免出现极端民族主义和民粹主义倾向。

相关链接及参考阅读

[1]《Gigi 歧视亚洲人遭抵制! 网友:拒绝她来上海走维密!》,https://mbd.baidu.com/newspage/data/landingsuper? context =% 7B% 22nid% 22% 3A% 22news_12918750515039308962%22%7D&n_type=1&p_from=4。

[2]吴诗源:《Gigi Hadid 确认退出上海维密大秀,恐怕未来更长的时间她都只能告别亚洲》,http://www.toodaylab.com/74781/。

① 参见邵瑞:《媒介素养:构建国际传播力的一种新途径》,《东南传播》2015年第11期。

[3]《涉嫌歧视华人的女模 Gigi 引中国网友愤怒值爆表!》,http://www.sohu.com/a/169445330_497278。

[4]金文恺:《全球化与国际传播:媒体与公民的世界性互动》,《新闻爱好者》2016 年第 10 期。

[5]邵瑞:《媒介素养:构建国际传播力的一种新途径》,《东南传播》2015 年第 11 期。

[6]程曼丽:《国际传播主体探析》,《中华新闻报》2007 年第 1 期。

[7]田智辉:《论新媒体语境下的国际传播》,《现代传播(中国传媒大学学报)》2010 年第 7 期。

[8]李彦冰:《从反 CNN 网站的建立看网络时代个人在国际传播中的地位和作用》,《东南传播》2008 年第 8 期。

[9]陈刚:《国际传播如何聚焦"小人物"——法国中学生向总统请假的传播启示》,《青年记者》2017 年第 22 期。

国际传播渠道篇

国际传播渠道是国际传播主体发布信息的途径和平台，其实力与规模是一国国际传播能力的体现。经过多年的积累，我国在通讯社及广播、电视、报纸等传统媒体平台方面的实力已有长足进展。伴随着媒体技术的发展以及融媒体理念的践行，我国媒体在平台建设、社交媒体的运营、用户的拓展及语种的增加等方面日益提升着国际传播力。从世界舆论场整体格局看，虽然西强我弱的局面还没有发生根本性改变，国际传播中，“硬件硬、软件软”的状况仍然制约着中国声音的有效传播，但是，世界舆论场上的中国力量正日益凸显。①

① 参见戴元初：《日益走近世界舆论场中心的中国力量——2017 中国媒体国际传播实践述评》，《对外传播》2018 年第 12 期。

案例1

新华社：国际舆论，一见高下

案例背景

十九大报告中明确提出，我国要推进国际传播能力建设，讲好中国故事，展现真实、立体、全面的中国，提高文化软实力。一个国家的国际传播能力、国际话语权的大小很大程度上取决于该国媒体的实力。一般而言，媒体实力包含媒体的传播力和影响力。传播力是指媒体将信息向外扩散的能力，是与传播科技发展所带来的媒体规模的扩大和水平的提高密切相关的，决定着一国信息广泛传播的现实可能性，实际体现在一国媒体信号或信息可以抵达的范围上；所谓影响力，是指一个国家所传信息（内容）被人们接收并接受，进而改变或扭转其态度和行为，产生对传播主体国有利的舆论氛围的力量。

在国际传播中，媒体的影响力是一种控制能力，这种控制能力表现为影响力的发出者对影响力的收受者在其认知、倾向、意见、态度和信仰以及外表、行为等方面的有目的性的控制作用。只有拥有了影响力，才会拥有受众。没有或缺少受众的传媒至多只是“沙漠中的布道者”。媒体要想争得受众，在国际传媒市场取得一定的占有率，需要有强大的影响力。

空间的隔阂、国界的限制以及文化的差异，是国际传播明显区别于国内传播的特征。国际传播的这种特征，使其比国内传播更容易受到以传播技术为核心的传播力的制约和影响。国际传播的客观需要不断催促着传播技术的突破与发展，而传播技术的进步又不断增添或更新着国际传播的样式。随着主流传播技术从印刷术、电信技术、广播技术、电视技术一直到卫星通信技术的发展，国际传播的主流形态也相应地由定期报刊、新闻通讯、国际广播一直发展到国际卫星电视节目、互联网信息等。技术发展了，传播力才能提高，国际传播的范围才有可能更加广泛。

目前,我国的国家级媒体在传播力发展方面已经具备一定实力。在互联网、数字多媒体技术及移动通信技术的发展浪潮下,新华社、《人民日报》《中国日报》、中国国际广播电台、中国环球电视网等在国际传播技术的运用方面已经日趋成熟。经过多年的努力,我国的国家级媒体在公信力、信息量、时效性等多方面不断提高,影响力不断扩大。

案例内容

在国际传播领域,世界各国都非常重视通讯社的作用。新华社和中新社(中国新闻社)是我国著名的通讯社,其中新华社是颇具国际影响力的世界性通讯社,它在我国的国际传播领域发挥着不可替代的作用。它的主要任务是采集和发布国内外的政治、经济、文化及其他重要领域的新闻和信息。新华社 1944 年开始对外进行英语广播,1948 年设立了第一个国外分社。从 20 世纪 50 年代开始,新华社逐渐发展成为全球主要的国际性通讯社之一。新华社总社设有对外新闻部、国际新闻部等部门,在亚太、中东、拉美、非洲等地设有总分社,在香港特别行政区、澳门特别行政区及海外地区设有百余个分社。新华社现用中、英、法、俄、西班牙、阿拉伯等多种文字对国外发布新闻,还发送新闻照片和新闻特稿,先后与 80 多个国外通讯社和政论新闻部签约,交换新闻和新闻图片。

截至 2018 年,新华社在境外共设有 180 个分支机构,辐射全球各个区域,新闻信息触角进一步延伸。经过总社授权,驻外总分社根据当地实际,通过市场化手段自主开展营销,构建了多元化的营销模式,以多媒体融合产品为重点,大力开拓海外主流用户市场,使各类新闻信息产品在每个国家至少有一个主流媒体用户和一个主要社会机构用户。新华社的国际传播业务平台主要有新华网、中国新华新闻电视网和海外社交媒体平台等。

2016 年 7 月,中菲南海争议仲裁庭对南海仲裁案作出“最终裁决”,宣称中国对南海海域没有“历史性所有权”。此次事件事关我国的领土主权、海洋权益、外交大局和国际形象,所带来的不仅是一场南海舆论战,更是一场国际话语权争夺战和国家形象保卫战。在这场国际传播的较量中,对外报道是主战场,英文报道是最前线。作为我国对外传播的主力军,新华社协调海内外采编力量,创造性地开展了以英文报道为龙头的对外报道,统筹通稿线路、海外社交媒体平台、海外专版等多形式、多语种的报道,精准把握时效,实现了良好的传播效果,有力配合了我国的外交工作大局,为我国主流媒体国际传播平台的搭建树立了典范。

此次事件发生后,新华社后方编辑部和前方分社密切配合,迅速作出反应,其通稿“Law-abusing Tribunal Issues Ill-founded Award on South China Sea

Arbitration"(南海仲裁结果出炉:践踏国际公理的荒谬裁决)",夺得中外文全语种全球首发,领先时效第二的路透社 9 分钟,并被路透社援引为消息来源,路透社播发的急稿导语直接引用了新华社快讯中"Law-abusing Tribunal"(滥用法律的仲裁庭)等表述,其他语种也迅速跟进。同时,在海外社交媒体平台上,新华社报道的时效也全面领先西方三大通讯社的海外社交媒体账号,实现了全面首发,占据了国际舆论引导的先机。[①]

新华社在抢占首发之外,还继续组织相关后续报道,其发表的"Backgrounder: A brief look at the South China Sea arbitration case"(背景资料:简要介绍南海仲裁案)及"Why will China never respect U. S. over South China Sea? China Exclusive: Ancient Persian maps show South China Sea islands part of Chinese territory"等报道,被《纽约时报》《华盛顿邮报》《时代周刊》等国外报刊以及路透社、法新社、英国广播公司等国外主流媒体广泛采用,有效发挥了舆论引导领头羊的作用,客观报道了此次事件,阐释了中国的立场,传递了中国的声音,将传播效果最大化,进而影响了国际舆论。

新华社在国际舆论场中率先发声,国际主流媒体在转引时成为了我们的传声筒,通过多次放大形成倍增效应,使中国的原则和立场得到了最高效的传播,有力地平衡了国际舆论,有效影响了国际舆论场中有关这一新闻事件的主流观点。

案例分析

新华社作为官方通讯社,是我国国际传播的重要渠道和平台,在南海仲裁案国际舆论站中有以下几个方面的突出表现:

一、争抢时效,实现"赢家通吃"

新媒体时代,国际舆论场瞬息万变,时效性显得更加重要,这既是挑战,也是机会。若能在关键的新闻节点抢得先机,并在最短的时间内集中力量,巩固领先优势,那么先入为主的首发效应、引领导向的羊群效应将更加凸显,使后继者难以赶超,从而形成赢家通吃的格局。新华社在舆论战开始时,不仅夺得了中外文全语种全球首发,也在海外社交媒体平台上实现了全面首发,率先占据了国际舆论中的先机。

---

① 参见邓玉山、凌朔:《南海仲裁案国际舆论战的经验和启示——以新华社英文报道为例》,《对外传播》2016 年第 12 期。

二、采集和投放稀缺信息，利用“真空效应”占领舆论场

在对南海仲裁案的报道中，新华社在2016年7月中旬连续播发6篇起底临时仲裁庭的报道，向舆论场投放了一系列爆料式的稀缺信息，从中菲南海争议仲裁庭的机构组建、人员构成、运作程序、费用来源、法律缺陷等问题切入，通过大量的事实和细节，多维度呈现了所谓南海仲裁案实际上是出于政治目的、有幕后推手、披着法律外衣、花钱买无效“裁决书”的一出闹剧的事实。

有效信息是舆论战的“弹药”，必须既能可持续供应，又能在需要时密集投放。要想源源不断地向国际舆论场输入于我国有利的事实和观点，关键在于调研和采访。新华社在对南海仲裁案的报道过程中，在深入调研的基础上策划了《十论南海仲裁案》《起底临时仲裁庭》《南海七日谈》等多组系列重点报道，播发大量高质量的观点性稿件，并指挥驻外记者对约130位国外政要、专家学者和其他各界人士进行了采访，播发了相关英文专访稿件约120篇，通过把“自己讲”和“别人讲”结合起来，将不同内容、不同论调有机整合，有效地构建出了于我有利的舆论场，扩大了我国在国际传播中的影响力。

三、加强合作传播创新，直接影响海外主流受众

国际主流媒体和网络大V对报道的传播和覆盖发挥的作用较大，也就是说，要提高传播覆盖人数，应重点加强国际主流媒体的落地工作。

首先，新华社除了组织高质量报道、努力提高稿件的有效采用率外，还注重加强与国外主流媒体的专版合作，拓展报道传播的覆盖面。例如，新华社有关南海问题的稿件，先后在美国的《纽约时报》、巴西的《圣保罗报》、俄罗斯的《俄罗斯报》以及南非的《星报》等主流媒体落地，直接面向海外读者，宣介我国在南海问题上的原则和立场。

其次，新华社通过创新话语方式和表现形式，提高了受众的认同率。例如，新华社推出的《南海七日谈（历史的天平上的南海仲裁案）》系列报道，从历史观角度评说南海问题，通过大量的史料驳斥了中菲南海争议仲裁庭妄图挑战历史的企图，突破了南海问题报道的既有话语模式，令人耳目一新，可读性和说服力强，获得了媒体和受众的认同。

最后，新华社积极适应新媒体时代海外受众的阅读习惯变化，高度重视海外社交媒体平台的直通车作用，充分利用其拥有的粉丝总量超过1500万的海外社交媒体多语种账号，不仅在每次舆论战中通过海外社交媒体平台发布精心定制的内容，还运用互联网思维和新媒体传播规律。例如，在南海仲裁案的报道中，新华社积极尝试采用调查问卷、即阅文、引语集萃、引语板等呈现形式，创新和丰富了海外社交媒体的报道内容。

相关链接及参考阅读

[1]http://www.xinhuanet.com/english/2016-07/12/c_135507614.htm。

[2]http://news.xinhuanet.com/english/2016-07/12/c_135506812.htm。

[3]http://news.xinhuanet.com/english/2016-07/11/c_135505190.htm。

[4]http://news.xinhuanet.com/english/2016-07/12/c_135507651.htm。

[5]程曼丽:《国际传播学教程》,北京大学出版社 2016 年版。

[6]程曼丽、王维佳:《对外传播及其效果研究》,北京大学出版社 2011 年版。

[7]李智:《国际传播》,中国人民大学出版社 2013 年版。

[8]田智辉:《新媒体环境下的国际传播》,中国传媒大学出版社 2010 年版。

[9]谢锷:《新媒体时代新华社如何加强国际传播力建设》,《新闻论坛》2016 年第 2 期。

[10]王苗:《从跨文化角度浅谈新华社国际传播能力建设》,《新闻研究导刊》2014 年第 15 期。

[11]李希光、郭晓科:《主流媒体的国际传播力及提升路径》,《重庆社会科学》2012 年第 8 期。

[12]申勇、石义彬:《主流媒体国际传播力构建实践与路径——以中央电视台为中心的考察》,《中国广播电视学刊》2017 年第 4 期。

[13]邓玉山、凌朔:《南海仲裁案国际舆论战的经验和启示——以新华社英文报道为例》,《对外传播》2016 第 12 期。

案例2

中国国际电视台:全新视觉,全新话语

案例背景

媒体的传播能力是衡量国家软实力的重要指标。一个国家的国际话语权的大小,很大程度上取决于媒体的传播能力,包括媒体的规模、实力和国际影响力。西方大国为了垄断国际话语权,发展中国家为了争得在国际事务上的发言权,都在努力为本国打造具有国际影响力的媒体,力求在国际舆论竞争中赢得主动,进而提升本国主导或影响国际事务的能力。

国际传播领域中的电视媒介多指20世纪90年代以来迅速发展的卫星电视,通过电视媒介进行国际传播就是借助通信卫星跨越国界,以他国观众为主要对象进行全球化对外传播。电视同时具有的声画信息的特点使之成为强势媒体,比广播的影响力更大。因此,许多国家都把发展卫星电视的应用水平作为提高国际传播实力的重要手段。

从属于美国特纳广播公司的CNN(美国有线电视新闻网)的发展历史其实就是一个电视媒介全球化发展的历史,它覆盖了全球6大洲,是一个真正意义上的全球电视网。CNN每天都以最快的速度将各个角落的新闻及时传递给世界各地的观众,每天24小时连续播出全球新闻,向137个国家的300多家电视台网提供新闻,覆盖200多个国家和地区,在全球拥有的观众超过10亿。BBC World News(英国广播公司世界新闻频道)是隶属BBC(英国广播公司)的24小时报道世界资讯,播放纪录片与生活潮流节目的频道,于1995年1月正式启播,它的主要竞争对手为CNN。在俄罗斯,2005年,普京政府斥资3.5亿美元组建RT(今日俄罗斯电视台)。RT既是一座24小时播出的英语新闻电视台,也是俄罗斯首家全数字化电视网,旗下有多个不同语种的电视台和网站。截至2017年1月,RT在美国拥有8500万用户群,在英国拥有200多万用户群,影响力和半岛电视台不相上下。[①] 1996 年 11 月在卡塔尔建立的卡塔尔半岛电视台是一家 24 小时不间断的用阿拉伯语播送全球消息和报道的新闻电视台,其新闻制作手法与 CNN、BBC 相类似,又有 CNN 所不能比拟的阿拉伯电视台的优势。在海湾地区,无论走到哪里,只要有阿拉伯人在看电视新闻,大都是在看半岛电视台的新闻节目。由于半岛电视台快速报道世界热点新闻的特点,人们都把它称作“海湾的 CNN”。

总的来说,这些国际电视台都是在为自己国家的利益服务,在国际舆论场中积极发声,争取话语权。

案例内容

2016 年 12 月 31 日,由中央电视台创办的中国国际电视台(英文简称 CGTN,别称“中国环球电视网”)正式成立,成为 2017 年全新启航的国际传播旗舰平台。CGTN 的前身为 2000 年开播的英语国际频道(CCTV-9,2010 年改为 CCTV-NEWS)。习近平总书记在《习近平致中国国际电视台(中国环球电视网)开播的贺信》中对 CGTN 的工作提出要求:“以丰富的信息资讯、鲜明的中国视角、广阔的世界眼光,讲好中国故事、传播好中国声音,让世界认识一个立体多彩的中国,展示中国作为世界和平的建设者、全球发展的贡献者、国际秩序的维护者良好形象,为推动建设人类命运共同体作出贡献。”[②]这既是总书记对 CGTN 的期待,也是对中国媒体国际传播事业的期待。

CGTN 是一个多语种、多平台的媒体集群,由 6 个电视频道、1 个视频发稿通讯社、3 个海外分台和新媒体集群组成。CGTN 整合央视原英语新闻频道及西班牙语、法语、阿拉伯语、俄语和纪录频道共 6 个频道的资源,又新开办了 17 个栏目,打造了全新的开放式的全媒体演播室,并在电视演播区和在线编辑区共同搭建了全媒体演播区域,能够使用虚拟现实技术,从而打造融媒体平台。伴随中国国际电视台的开播,CGTN 移动新闻网(CGTN. COM)同步上线,以 See The Difference(看到不同)为口号,打造视频直播平台和主账号,北美、非洲及多语种账号集群,打通了新闻阅读、移动直播等多个终端,打造了政治、经济、文化、科技、社会等五大原创内容板块,以及图片和视频两个内容频道,能根据多个社交平台的后台数据进行大数据分析指导内容生产,满足用户的个性化需求。

---

① 参见《对抗 CNN 和 BBC:中国顶级外宣媒体向“今日俄罗斯”学什么?》,https://www. huxiu. com/article/176783. html。

② 《习近平致中国国际电视台(中国环球电视网)开播的贺信》,http://www. xinhuanet. com/politics/2016—12/31/c_1120226957. htm。

CGTN的社交账号集群中包括Facebook、Instagram、YouTube、Twitter、新浪微博、微信的社交账号和分享渠道。截至目前，CGTN在全球各平台的活跃粉丝超过6520万，其中海外粉丝超过97%。CGTN在Facebook平台的关注者超过5271万，点赞数超5285万；在Instagram平台的粉丝数为120万；在Youtube平台的粉丝数约为28.5万，视频点击量最多可超过千万，如一个有关大熊猫的视频的总点击量为1482万。CGTN在Facebook上的粉丝量已经领先于BBC、CNN、RT和半岛电视台等国际主要传播机构的账号。

CGTN成立以来，对十九大"两会""一带一路"等重大事件进行了专题报道，取得了一定的反响。例如，CGTN在对十九大的专题报道中，以讲好中国共产党的故事、讲好中国故事为主线，策划制作了一系列预热节目，集中预热长达42天；采访了超过130位外国政要、政党领袖、专家学者，制作了《库恩三分钟》系列节目，解答了国外普遍关注或抱有疑问的中国政治概念；在俄语频道每天推出《欧亚连线说十九大》，在全俄广电滨海边疆区分台、远东分台、白俄罗斯公共电视台等合作媒体播出；在西班牙语频道播放外籍记者为拉美15个国家的17个电视台提供的定制新闻①，结合事件的新闻性突出体现了其故事性，使全球人民更加清晰地了解中国。

案例分析

CGTN作为中国全新的国际传播媒体品牌以其自有的速度和节奏向前发展，正在向多品类、立体化架构的国际传媒集团迈进。创新叙事方式，吸引国际受众，传递中国声音和中国故事，取得了不错的成绩，主要表现在以下几个方面：

一、强化融合传播，做到同频共振

"融媒体"是指充分利用媒介载体，把广播、电视、报纸等既有共同点，又存在互补性的不同媒体，在人力、内容、宣传等方面进行全面整合，实现"资源通融、内容兼容、宣传互融、利益共融"的新型媒体。CGTN不是一个传统电视台，而是一个多语种、多平台的融媒体传播机构，2017年10月10日，CGTN融媒中心正式投入运营，改版升级的CGTN客户端同步上线。CGTN融媒中心秉承"多形式采集，同平台共享，多渠道、多终端分发"的运行思路，最大限度地实现了资源共享，共享范围不仅包括中央电视台所有电视和新媒体的新闻资源，还包括全球25000多家网络媒体和70家权威媒体机构的资讯。全新搭建的空间

① 参见中央电视台：《CGTN十九大对外宣传开启国际传播新时代》，http://www.cctv.cn/2017/10/30/ARTIbFvOSvpy0rGJiuRkWb15171030.shtml。

平台、技术平台、管理平台有效保障了电视端与新媒体端的无缝衔接、同频共振。[①]

二、"移动优先"布局,扩大用户群

在上线之时,CGTN 推出了三个移动客户端,其中 CGTN 客户端是资讯集成式客户端,其政治、经济、社会、科技等专栏分别囊括相关垂直领域的资讯;还提供了报道专题、图片报道、直播等功能,该应用在 App Store(苹果应用程序商店)、Google Play[②]、亚马逊和安卓应用商店等 4 个平台上线。CGTN LIVE 客户端则分别在苹果和谷歌两个平台上线,专门提供视频直播服务。此外,还有一个专为 iPad 打造的 CGTN HD 客户端。移动终端是当前用户接收和传递信息的主要载体,CGTN 运用这一特点,尽可能扩大了用户群。

三、注重社交媒体的运营,增强了用户黏性

社交媒体作为国际传播的重要渠道之一,具有互动性、开放性、高效性和分享性等特点。为了达到良好的国际传播效果,CGTN 极其重视其在国内外社交媒体平台的传播工作。例如,CGTN 在官网上列出了 10 个社交账户,引导用户关注。这 10 个账户所在的社交平台分别是 Facebook、Twitter、YouTube、Instagram、Google+、Pinterest、Tumblr、微信、新浪微博和秒拍。据统计,截至 2017 年 11 月,CGTN 多语种新媒体各平台全球粉丝已超过 8700 万。CGTN 在 Facebook 平台除了拥有主账户,还拥有 CGTN 法国、CGTN 非洲、CGTN 美国等多个子账户;在 YouTube 不仅上传资讯视频,还提供 24 小时视频直播服务;在 Instagaram 平台实时更新有关中国的新闻、文化、风景等图片,拥有 120 万粉丝。

四、创新报道手段,改善用户体验

从 CGTN 的运营情况和对外发布的信息来看,它极为重视运用新兴的媒体报道手段。例如,CGTN"首次设立时政报道原创融媒体交互页面,以多媒体、多时空方式报道重要时政活动,深度解读中国领导人的治国理念"。CGTN 位于央视总部大楼三层的演播室占地约 225 平方米,采用全新的超高清分辨率等离子拼接大屏,满足长时间直播应用,实现在线虚拟、AR 技术、虚拟追踪等先

① 参见央视网:《CGTN 融媒中心建成启用》http://news.cctv.com/2017/10/10/ARTIstnnAzGJsqnlEsYoDOjg171010.shtml。

② Google Play 是谷歌为安卓设备开发的在线应用程序商店。

进手段的呈现,此外还可以通过大数据实时观众与节目同步互动的情况。①

五、克服文化差异,增强国际合作传播

在国际传播过程中,由于东西方历史、宗教、民族、价值观、意识形态等存在差异,时常出现信息不能准确有效地传达的情况。因此,增强国际合作传播,应从以下几个方面来努力:首先,利用受众地理和心理上的接近性,增加国际新闻报道和观点的阐释。其次,加强与国际媒体的合作,达到更好的传播效果。最后,可以招聘外籍记者或管理人员,推进信息在相应国家的传播。

相关链接及参考阅读

[1]CGTN 新闻网官网:https://www.cgtn.com/。

[2]CGTN 频道官网:https://www.cgtn.com/channel/en.do。

[3]中央电视台:《CGTN 十九大对外宣传开启国际传播新时代》,http://www.cctv.cn/2017/10/30/ARTIbFvOSvpy0rGJiuRkWb15171030.shtml。

[4]央视网:《CGTN 融媒中心建成启用》,http://news.cctv.com/2017/10/10/ARTIst-nnAzGJsqnlEsYoDOjg171010.shtml。

[5]全媒派:《CGTN 上线半月,玩转创传》,http://news.qq.com/original/dujiabianyi/CGTNsxby.html。

[6]毕建录:《国际战略视角下我国媒体的对外传播——兼评中国国际电视台(中国环球电视网)CGTN 的成立》,《青年记者》2017 年第 21 期。

[7]江和平:《融媒体时代的新闻传播——以 CGTN 为例》,《电视研究》2017 年第 6 期。

[8]吴克宇:《试论 CGTN 国际传播理念与传播方式的转变》,《电视研究》2017 年第 9 期。

[9]李宇:《从 CCTV4 到 CGTN:浅析中国国际电视频道的发展嬗变》,《对外传播》2017 年第 5 期。

① 参见《CGTN 上线半月,玩转创新传播》,http://news.qq.com/original/dujiabianyi/CGTNsxby.html。

案例3

《中国日报》：让世界了解中国，让中国走向世界

案例背景

在国际传播活动中，印刷媒介以其针对性强、图文并茂、容量大、易于保存、阅读方便等特点，发挥着其他媒介所无法替代的作用。着力打造具有较强的国际影响的旗舰纸媒，对于加强我国的国际传播能力建设，增强我国的国际话语权具有关键意义。在新时代背景下，优化国际性纸媒的品牌塑造策略，提升传播意识，不仅将使纸媒成为中国对外开放的亮丽名片，更会为促进世界了解中国、推动中国走向世界发挥重要作用。①

我国印刷媒介国际传播机构的主体是由中国外文出版发行事业局（简称中国外文局）所属的一系列期刊社和出版社构成的，同时也包括其他用于国际传播的报刊和出版机构。经过半个多世纪的发展，中国外文局已经拥有了多种国际期刊，它们以32中外文版向182个国家和地区发行，向国外读者报道中国的政治、经济、文化、教育、外交、科技和社会生活等各方面的信息。其中，创建于1981年的《中国日报》在国际上享有一定的知名度。②

《中国日报》（*China Daily*）是我国全国性的大型综合性英文日报，它的创办结束了我国自1951年以来没有英文日报的局面，成为我国国际传播的重要窗口之一，其影响力正在不断扩大。它已发展成为拥有8种出版物的英文报系，据估计，《中国日报》及其报系也是我国唯一能够依靠市场实现收支平衡的

① 参见朱灵：《讲好中国故事，做好国际传播》，http://www.scio.gov.cn/zhzc/10/Document/1485761/1485761.htm。

② 参见段鹏：《国家形象建构中的传播策略》：北京中国传媒大学出版社2007年，第19～21页。

英语媒体。同时,《中国日报》是我国目前唯一进入西方主流社会的报纸,影响了世界各国的决策者,形成了“权威、实效,了解中国的窗口”这一品牌,并在受众心目中形成了“权威、严肃和成熟”的良好形象。[①] 现如今,《中国日报》已经成为我国重要的宣传文化单位和国际传播主力军。

同时,我国国内主流媒体的海外版也承担了国际传播的任务。如 1985 年 7 月 1 日创刊的《人民日报(海外版)》除了在国内发行外,还实行了远程传版到东京、旧金山、纽约、洛杉矶、巴黎、多伦多等地在当地同步制版印刷,发行到世界 80 多个国家和地区。其他的还有侨报《华声报》《瞭望・海外版》《上海画报》和《新民晚报》美国版等。

案例内容

《中国日报》创刊于 1981 年,是中华人民共和国成立以来创办的第一份、也是目前唯一一份全国性英文报纸,全球期均发行 90 余万份。《中国日报》是中国了解世界、世界了解中国的重要窗口,它的办报宗旨为“让世界了解中国,让中国走向世界”,是有效进入国际主流社会、国外媒体转载率最高的中国报纸,也是国内承办大型国际会议会刊最多的媒体。

经过 30 余年的发展,中国日报社现已形成包括两大报系(中国日报报系和 21 世纪英文报系)、3 大语种 9 个网站、3 大手机传播平台(客户端、WAP 集群、手机报)为核心的现代传播体系。其中,中国日报网是亚洲最大的英语新闻网站,日均访问量达 2000 万次,60%来自海外;其手机报日均发行量 60 万份;《中国日报电邮报》每天送达 105 个国家的 20 多万高端人士。《中国日报》的报道经常被西方三大通讯社及《纽约时报》、CNN 等欧美主流媒体转引,平均每周有 300 条稿件被转引近 2500 次,是国外媒体转载最多的中国平面媒体。

《中国日报》发行至 150 多个国家和地区,在北京、上海、广州、香港、纽约、雅加达等 15 个地区设有印点。中国日报传媒集团旗下共有 16 种纸质出版物,已实现全球覆盖、分众传播,包括《中国日报》香港版、《中国日报》美国版、《中国日报》欧洲版、《中国日报》亚洲版、《中国日报》东南亚版、《中国日报》非洲版、《中国日报》加拿大版、《中国日报》拉美版,其中香港版是周一到周日每天出版,美国版是周一到周五出版,其余报刊为周刊,针对的人群均是当地政府高管、企业精英和学者等高端读者;另外,中国日报还发行《中国国家形象专刊》以及《21 世纪英文报・英语教育报》等:《中国国家形象专刊》前身为 1992 年创刊的《中国专稿》,月刊,每期 6 版,随《华盛顿邮报》《纽约时报》《国际先驱论坛报》等欧、

---

① 《中国媒体国际传播的品牌构建——以〈中国日报〉为例》,http://www.bysjz.cn/html/zhicheng/4746682259.html。

美、亚主流报纸夹报发行，直接送达各界高端读者；《21世纪英文报》创刊于1993年，是一份面向中国国内广大英语学习者的普及性英语周报，每周出版大、中、小学生版等共8个版本的报刊，发行量总计100余万份。

《中国日报》还不断利用自身的平台优势，推动公共外交，促进国际传播。中国日报集团于2010年创建了一个亚洲政、商、学界领袖和社会精英参与的高端对话和交流平台。论坛定期邀请政、商界决策者担任名誉主席，与会人员围绕经济、商业和社会发展等具有战略影响的重要议题展开讨论，分享思想。论坛与亚洲新闻联盟成员媒体合作，轮流在亚洲主要国家和地区召开。另外，在“亚洲新闻联盟”——由中国、日本、韩国、新加坡、印度等20个亚洲国家和地区的22家主流媒体组成的国际媒体交流平台中，《中国日报》作为该联盟的重要成员，也是该联盟在中国大陆的唯一成员，充分发挥着在联盟中的主导作用，与亚洲各国主流媒体广泛开展稿件互换、人员交流、合办活动等合作，在亚洲2000万中、高端读者中扩大影响，实现报道的大面积覆盖。

《中国日报》在全国“两会”期间推出的“英国小哥再次穿越侃两会”，实现5000多万浏览量，5月配合“一带一路”高峰论坛，由“美国小哥”主持的五集微视频系列“艾瑞克讲睡前故事”，吸引2000多万网友观看，美联社、BBC、《纽约时报》《时代》周刊、半岛电视台等全球主流媒体纷纷报道，称之为报道形式的“颠覆性创新”。

《中国日报》在国内外同行中频获好评。《纽约时报》称它为“一张适合外国访华者阅读的北京报纸”。《基督教科学箴言报》评价它“能向不了解又想了解中国情况的英语读者解释和分析中国的各个方面”[①]。英国驻华大使说他是借助《中国日报》来了解中国社会的方方面面，在他不是特别熟悉中国环境和情况的时候，可能通过读《中国日报》就有一定的相应的了解。

中国日报传媒集团紧贴时代脉搏，坚持创新驱动，秉持“内容为王”理念，说明中国，点评世界，不断加快海外发展步伐，完善全球采编和传播网络，向着构建世界一流的现代新型全媒体集团的目标迈进。

● 案例分析 ●

一、读者群体扩大，受众定位细化

《中国日报》刚创办的时候针对的是在华的外国人，随着中国影响力的提升，世界对中国的信息需求越来越大，《中国日报》发展也逐步国际化，读者群发

① 张焕萍、刘笑盈：《〈中国日报〉：中国人的“英文名片”》，《对外传播》2010年第12期。

展到世界各地的外国人，其受众定位也进一步细化，针对不同地区的读者推出不同版本的报纸。例如，2009 年 2 月，《中国日报》推出专门为北美地区读者量身定做的美国版，目标受众定位于北美地区高端读者群，特别是关注中国经济、文化、政治事务的政商领袖。《中国日报》美国版创刊仅 5 个月后便获得美国商务部颁发的 2009 年度美国东南地区最佳少数族裔媒体奖，成为美国历史上第一家获此荣誉的中国媒体。《中国日报》对于受众区域的细分，可以增强报纸的针对性，提升传播效果，是报纸融入当地的表现，并且注重受众水平层次，是英文报纸更为专业化的体现。

二、改版与时俱进，读者体验至上

《中国日报》先后在 2004 年、2007 年、2010 年进行三次改版，改版过程中，报纸版面形式上更加贴合国外的媒体形式，适应海外读者的阅读习惯；内容方面不断增加报纸的服务性，在报道中增加富有人情味的软新闻，同时还注重独立采写新闻，传达自己的声音。《中国日报》创办初就确立了“写稿定稿，编译合一”的方针，不仅节省了人力物力，增强报道的实效性，也使得稿件更加流畅，符合西方语言习惯。例如，在 2010 年改版中，《中国日报》特别强调适应互联网环境，做好网络时代的报纸，提出“把全方位及时的新闻覆盖交给网站，把深入的分析解读和人性化的故事留给报纸”的口号，强化报网融合，重视读者反馈和互动。墨西哥驻中国大使说新版《中国日报》令人耳目一新，以精美的版面为读者带来美好的阅读体验。[①] 改版后的《中国日报》在头版推出了一个新栏目“Cover Story”(封面故事)，以故事化的手法来报道值得社会大众关注的热点问题，用平民视角，采取人性化的内容和生活化的叙事相结合的方式报道中国事实，让世界知道真实的中国就是一个千面中国，是在不同发展阶段，不同的声音、思想交汇、碰撞、融合的一个国家。

三、重视国际报道，传递中国声音

中国日报集团在创办和参与国际性质的论坛方面都取得了不俗的成就，而且《中国日报》力求以平民化的视角让世界了解中国，这一策略受到国际读者的欢迎，取得了良好的成绩。但国际上不仅要了解中国事务与文化，也要了解中国官方对重要国际事件的态度。《中国日报》作为唯一进入国际主流媒体的中国报纸，应该承担起为中国发声的重任。纵观《中国日报》的内容，可以发现其在新闻报道方面以中国新闻为主，并且注重民生方面的报道，在重要国际事务

① 参见曲莹璞：《〈中国日报〉改版将更适合网络时代的需求》，http://news.sina.com.cn/c/2010—03—22/220419917176.shtml。

方面的报道上以转载法新社、美联社为主，并且数量不多，特别是观点性的评论较少。因此，《中国日报》应该兼顾中国报道与国际报道，提高国际事务的报道速度和深度，在国际报道角度的选择上要发出中国的声音。

相关链接及参考阅读

[1]中国日报官网：http://www.chinadaily.com.cn/。

[2]朱灵：《讲好中国故事做好国际传播》，http://www.scio.gov.cn/zhzc/10/Document/1485761/1485761.htm。

[3]《中国媒体国际传播的品牌构建——以《〈中国日报〉为例》，http://www.bysjz.cn/html/zhicheng/4746682259.html。

[4]张焕萍、刘笑盈：《〈中国日报〉：中国人的"英文名片"》，《对外传播》2010年第12期。

[5]《中国日报李洋：新时代国际传播工作者的使命与担当》，http://www.xinhuanet.com/zgjx/2017－12/11/c_136817413.htm。

案例4

境外社交平台:建社交账号,传中国声音

案例背景

国家主流媒体代表着国家意志,是国际传播中一国的最为重要的传播渠道。提升国际话语权、塑造国家形象是一国主流媒体肩负的使命。一国的主流媒体想要国际传播获得良好的传播效果,需要适应互联网的传播环境,利用多种手段进行传播。社交媒体在世界范围内的应用,也使主流媒体越来越重视其影响。社交媒体具有即时性和交互性的特点,并且发布形式多样。当发生重要的国际事件时,主流媒体可以通过社交媒体第一时间发布消息,抢占舆论的主动权。另外,除了传播信息、塑造形象之外,关系建设也是社交媒体的一个重要功能①。社交媒体的交互性使得用户可以参与话题的讨论,增加了与用户的"粘性",成功吸引粉丝,从而建立起更加有效的传播机制。

近年来,中国主流媒体积极发力海外社交平台,探索运用新手段、新方式讲述中国故事,传播中国声音,使得粉丝量、转引量稳步提升,受关注度与日俱增,取得了良好的反响。以新华社、《人民日报》《中国日报》和中国国际广播电台及央视等为例,国内主流媒体发挥各自的特长和优势,积极在 Facebook、Twitter 和 YouTube 上开设账号,发布融合文字、图片、视频等元素的内容。环球舆情调查中心的相关监测数据显示,在 Facebook 和 Twitter 两个国际主流社交平台上,中国几大国家级媒体表现良好。截至 2016 年 10 月,中国国际电视台(CGTN)呈现出显著优势,Facebook 和 Twitter 两平台账号的粉丝总数超过 5715 万;《人民日报》两平台账号的粉丝总数达到 4386 万;新华社的粉丝总数突

---

① 参见文卫华、李冰、王雅萱、刘嘉丽:《框架视野下的纸媒微博比较研究——以〈新周刊〉〈三联生活周刊〉〈南方周末〉新浪微博为例》,《科技与出版》2013 年第 6 期。

破4000万;《中国日报》的关注度达2796万;《环球时报》和中国国际广播电台的Facebook和Twitter两大平台的关注度均近1700万。美国媒体曾有报道称:中国主流媒体在利用国际社交媒体方面,手法越来越"炉火纯青",在诸如Fookbook等国际社交媒体平台上聚集了成百上千万"粉丝",与《纽约时报》、CNN等西方主流媒体的差距逐渐缩小。考虑到中国官方媒体进入海外社交平台不过是最近三四年的事,其发展速度着实令世人惊叹。① 社交媒体新型媒体愈发成为国际传播的重要平台,利用这些平台主动发声、展示自己,是塑造国家形象的一个有力举措。

案例内容

新华社的推特账号(@XHNews)创建于2013年12月,粉丝数超过千万条,发布推文9.77万,平均每天发布30余条,在粉丝量、推文量、转发量均高于《人民日报》(@PDChina)、CCTV(@CCTV)等其他国家主流媒体的推特账号。就新华社推文的内容来看,主要可以分为三类:一是中国新闻,二是中国与国外相关的新闻,三是国际新闻。其中,前两类新闻居多,并且新华社发布的新闻以硬新闻为主,更加注重时效性和重要性。

本案例选取的是新华社在庆祝中国建军90周年期间的有关阅兵和会议讲话的报道,以了解新华社在利用海外社交媒体宣传重要国事时的特点。

本案例选取北京时间2017年7月29日0时到2017年8月2日24时的推文进行分析。通过下表可以看出,在阅兵仪式举行当天,新华社发布的推文数量最多,并且阅兵相关的推文量占当日推文总量也最多,在庆祝建军90周年大会当天,相关推文数量占当日总推文量的比例也相当高。

表1　新华社推文分析

(2017年7月29日0时到2017年8月2日24时)

日　期	总推文量	与阅兵或建军90周年相关的推文量	所占比例
2017/07/29	43	3	6.9%
2017/07/30(建军90周年阅兵)	49	34	69.4%
2017/07/31	28	3	10.7%
2017/08/01(建军90周年大会)	38	13	34.2%

① 参见《中国媒体发力海外社交平台,海外社交媒体账号有活力》,http://world.huanqiu.com/hot/2017-01/9917519.html。

续表

日　期	总推文量	与阅兵或建军 90 周年相关的推文量	所占比例
2017/08/02	34	2	5.9%
合　计	192	55	28.6%

这些推文的发布内容可以分为现况描述、习近平主席讲话等内容。现况描述主要是描述性新闻，对于阅兵现场、军队武器装备进行报道，这类推文有 35 篇，主要集中在 7 月 30 日阅兵当天；习近平主席讲话及中国立场类主要是通过节选习近平主席讲话的精华内容，表明中国立场，阐释我国重视军队建设的同时也追求世界和平这一核心观点，这类推文有 14 篇；其他 6 篇推文是关于专家、媒体对此次阅兵和建军 90 周年大会的评论和报道等。

在表现形式方面，没有出现单纯的文字推文，以“文字＋图片”这一形式出现的推文数量最多，有 28 篇；其次是“文字＋视频”这一形式的推文，有 19 篇；以“文字＋图片/视频＋链接”出现的有 9 篇。新华社还灵活运用多种社交形式，展开阅兵式直播、习近平主席讲话直播、建军 90 周年大会直播，并且在推文开头有“Live”标示，方便用户识别。

从传播效果来看，这些推文平均获得约 600 次点赞和 100 次转发，其中直播推文获得了最高的点赞和转发量。“7·30 阅兵”直播获得了近 1 万的点赞和近 400 次转发，并且有 7 万用户观看直播。习近平在建军 90 周年大会上的讲话直播收到 5000 余次点赞和 100 余次转发。另外，带有视频的推文获得的点赞转发量高于带有图片的推文。新华社还采用“文字＋图片/短视频＋链接”的形式进行传播。在一句话之后附上链接，其中大多数是新华社网页版的新闻链接。这句话和图片或者短视频往往起到抛砖引玉的作用，链接里别有洞天。推文还运用有关话题来增加热度，比如阅兵相关的推文加上＃PLA90（People's Liberation Army's 90th founding anniversary）、＃Army Day 等话题，在有关习近平主席讲话推文中出现＃Xi 等。

在推特发表推文必须将文章长度限制在 140 个字符之内，由于 140 个英文字母能表达的意思有限，因此必须对于新闻进行精确的二次编辑。新华社在节选习近平主席 7·30 讲话时的推文是：“Chinese President ＃XiJinping at Army Day parade：People's Liberation Army made ‘immortal feat’ over 90 years ＃PLA90。”对应讲话原文中的“90 年来，人民军队高举着党的旗帜，脚踏着祖国的大地，背负着民族的希望，浴血奋战，勇往直前，战胜一切敌人，征服一切困难，为中国人民站起来、富起来、强起来建立了不朽的功勋！”新华社采取部分省略的形式，选取了讲话中的精华部分，并且将“immortal feat”加上引号，强调是对习主席原话的引用。

新华社运用直播、“图片＋新闻”的形式，在阅兵期间及时更新，几乎做到了对国内状况的实时转播，报道迅速及时。从报道数量上来看，新华社在阅兵期间推文数量是最多的，并且阅兵这一新闻内容所占当日推文的比重之大，可以看出新华社对此次阅兵的重视和对新闻价值要素中重要性的判断。在阅兵这一占主要比重的内容中又着重对阅兵现场和军队装备的描述性内容，直接展示了我国的军事实力，并且点赞和回复数量很多。可见，推文收到了良好的国际传播效果。目前，新华社的海外账号已被许多海外主流媒体记者、智库成员、机构的账号关注，可见新华社已经成为外媒的核心消息源之一。

案例分析

一、内容突出重点，传递中国声音

比较新华社、《人民日报》、央视这三个主流媒体在国际社交账号发布的内容，可以发现《人民日报》和央视发布的内容以软新闻为主，主要介绍中国的风土人情和文化习俗，部分是有关国内外的消息新闻；而新华社发布的新闻主要是具有时效性和重要性的硬新闻，讲究迅速及时，同时又对国际传播具有重要意义。新华社在阅兵期间的推文不仅展示了我国重视军队建设的大国军事风貌，更传递了一种为追求世界和平而不懈努力的精神，在报道中国故事的同时表达国际共同诉求，体现了新华社对国际传播主题的准确把握。

二、形式丰富多样，适应移动阅读

新华社推文中以“文字＋图片/视频”这一形式出现的推文居多，几乎没有纯文字的推文，并且巧妙运用添加链接这一形式，通过简短的引语将用户吸引到新华社网页进行详细阅读。从中可以看出新华社注重推特这一社交媒体的特性，避免纯文字报道，多将图片和视频作为主要信息载体，使传播的内容更加图像化、简明化。

标签是社交媒体平台的特色功能，通过设立标签可以发起一个话题，让感兴趣的人可以在包含同一关键词的话题下进行讨论。当一个标签被大规模使用从而形成热点时，会有越来越多的其他用户通过搜索关键词或者点击推文中的标签参与到互动中来。新华社在推文中灵活运用多种标签，比如＃PLA90、＃Xi、＃CPC 等，方便感兴趣的用户快速获取内容，减少阅读成本，并且在网上形成话题，方便用户讨论。

三、语言简洁明确，保留原有特色

由于传播语言的不同和字数的限制，新华社在将新闻进行二次编辑时主要采取对原有关键字进行直接翻译引用、对主要内容进行大体概括的方法，对原有新闻进行加工处理，以适应海外社交媒体的传播形式，并且保留原有的中国特色词语，语言简洁，突出重点。这一点在其节选习近平主席讲话时的推文中也有体现："Chinese President ＃XiJinping calls for new generation of 'capable, brave and virtuous' armymen 'with soul' to build strong military ＃pla90."

虽然我国主流媒体在海外社交平台具有了一定影响力，但有研究表明，与国际一流媒体之间还存在一定的差距。比如，在粉丝数量、关注者社会权威性评估、日均发稿量、总赞数等指标上差距较大，存在与粉丝之间的互动不够紧密、内容贴近性不够强、敏感事件报道缺位失语等现象。对此，需要建立专门的社交媒体运营团队，不断提高专业化水准；针对欧美用户进行内容层面的规划设计；提高信息发布的时效性及透明度；采用人性化、个性化的话语方式；关注国外受众的信息反馈，增强双向互动；广泛推广社交账号，提升知名度；重视应用社交媒体相关技术的新进展。①

四、主流媒体借助社交媒体提升国际传播能力的建议

首先，应依靠现有资源找准社交媒体的内容和形式定位。例如，新华社作为一家国际通讯社，其在 Twitter 平台上发布的内容以消息为主，并且新闻类型以政治新闻为主；而《人民日报》突出的特点是以软新闻为主，旨在向世界传播中国的社会与文化。另外，我国主流媒体在社交媒体上发布的内容中，评论性、观点性的内容较少，《人民日报》以评论见长，可以利用这一资源上的优势，多发布中国观点，传递中国声音。其次，要充分利用社交媒体的交互性特点来增加用户粘性。目前，我国主流媒体和用户的互动仍有待加强，对粉丝的评论、转发回应较少，应增加与用户的互动。再次，我国主流媒体应当加强与其他国际主流媒体合作，增强社交平台影响力。最后，还可以多与国际主流媒体在社交平台上的互动，增强自身亲和力，以获得更多关注度。

相关链接及参考阅读

[1]曲莹璞：《〈中国日报〉改版将更适合网络时代的需求》，http://news.sina.com.cn/c/

① 参见何慧媛：《媒体如何有效利用境外社交媒体平台》，《对外传播》2015 年第 6 期。

2010－03－22/220419917176. shtml。

[2]《中国媒体发力海外社交平台海外社交媒体账号有活力》，http://world. huanqiu. com/hot/2017－01/9917519. html。

[3]李冰、汤嫣、张梓轩:《主流媒体国际传播的新特点——以新华社 Twitter 两会报道为例》，《新闻与写作》2015 年第 5 期。

[4]钟新、陆佳怡、陈国韵:《主流媒体的国际传播能力建设——以中外主流媒体应用国际社交媒体的现状分析为例》，《新闻与写作》2014 年第 11 期。

[5]文卫华、李冰、王雅萱、刘嘉丽:《框架视野下的纸媒微博比较研究——以〈新周刊〉〈三联生活周刊〉〈南方周末〉新浪微博为例》，《科技与出版》2013 年第 6 期。

[6]王斌、李唯嘉:《社交媒体时代政策性议题的国际传播策略——以 Twitter 平台“全面二孩”报道为例》，《新闻战线》2017 年第 9 期。

[7]刘滢:《主流媒体对外传播的社交媒体策略——以新华社在海外社交网站的传播为例》，《对外传播》2016 年第 1 期。

[8]何慧媛:《媒体如何有效利用境外社交媒体平台》，《对外传播》2015 年第 6 期。

案例 5

商业网站:另辟蹊径,有效补充

案例背景

20 世纪 80 年代以来,互联网因其快速、便捷、开放、互动等特点迅猛发展成为重要的信息传播媒介。今天,互联网已经打破了传统的地缘政治、地缘经济、地缘文化的概念,形成了以信息为中心的跨国界、跨文化、跨语言的全新虚拟空间,并成为国际传播中最为重要的舆论阵地之一。我国已充分认识到互联网在新闻报道中的巨大优势,并通过它大力开展国际传播活动。其中,各大英语网站成为传播信息的重要渠道。如今它们已形成一定规模,成为中国国际传播的主要渠道和外国人了解中国的重要窗口。①

新型数字媒体没有传统媒体的依托,依靠商业网站或者移动应用发家,如新浪、搜狐、腾讯等,这些数字媒体设有专门的发布或转发新闻的门户网站,利用这些网站进行国际传播是新型数字媒体常用的手段。如新浪网、凤凰网都有专门的英文网站,提供新闻、搜索引擎、邮箱等功能,针对海外用户进行传播。除了建立英文门户网站,新型数字媒体还会利用自身现有平台进行国际传播,如新浪推出“微博国际版”英文 APP,页面简洁,且可在页面直接对中文内容进行翻译,吸引了不少海外用户。此外,新浪网英文版有专门的“Weibo”栏目,进入该页面后可以联接到一些主流媒体和明星名人的微博主页。与新浪微博类似,腾讯也将微信推向海外,海外版微信 WeChat 已经有支付和打电话功能。在东南亚的泰国、新加坡、菲律宾、马来西亚和印度尼西亚,南亚的印度以及北美洲的墨西哥等国家,海外版 WeChat 成为当地 App Store 和 Google Play 平台

① 参见陈美玲:《我国英文网站在对外传播中的技巧研究》,大连理工大学硕士学位论文,2007 年。

上最受欢迎的社交应用类程序之一。①

利用新型数字媒体开展国际传播活动，首先应继续利用自身平台，特别是微博、微信这些社交软件平台，在这些平台上主动设置议题，引导舆论打入国际市场；其次，找准海外媒介市场的国际传播切入点，以用户为中心，适应海外语言文化习俗、用户偏好，推出符合当地传播环境的服务。另外，新型数字媒体还应该加强和传统主流媒体合作，弥补自己在传统采编能力上的不足，提高内容质量。

整体而言，新浪、搜狐、网易等一批综合性商业网站新闻中心在提供中国互联网新闻服务方面，占有相当的份额。其中几家主要网站均已在美国证券市场上市，海外资本在其股份结构中占据一定的比例。总体上讲，商业网站新闻中心在国家现有法律法规的指导框架内，具有相当的自律意识，与传统媒体网站形成了一定的互补，拓展了国际传播的渠道，起到了一定的积极作用。由于这些站点在体制机制方面较为灵活，活动空间较大，因此其发展速度快，覆盖面广，影响力大，对传统媒体及传统媒体网站构成了一定的冲击与影响。

案例内容

新浪是一家服务于中国及全球华人社群的网络媒体公司。新浪通过门户网站新浪网、移动门户手机新浪网和社交网络服务新浪微博组成的数字媒体网络，帮助广大用户通过互联网和移动设备获得新闻，并与好友进行兴趣分享。新浪网英文版（english. sina. com）开通于 2008 年 5 月 16 日，主要为海外用户提供新闻资讯。

新浪英文版页面上部采用“门”形布局，网站 Logo 位于页面的左上角，广告条和最新消息的滚动条位于页面顶端，左侧竖栏的上方为内容导航区，导航栏目依次为 News、Weibo、Photo、Video、Special Coverage，导航下方是 Latest News 和 Key Words。

新浪网英文版的定位是“China Real-time Report”，中间的主体内容分为两栏，左侧的是网站当天的热点图片与新闻。以 2017 年 10 月 15 日的首页为例，占据页面视觉中心的内容是有关十八届七中全会的报道内容，左侧图片新闻转载自新华网十九大专题（4 篇）和《中国日报》英文版（1 篇），均是关于十八界七中全会会议现场的新闻图片和链接；右侧的新闻头条主要分为两部分，一部分是有关十八届七中全会及十九大的国内政治新闻，共有 4 条新闻，另一部分是 2 条有关台风“卡奴”的民生新闻。其中，国内政治新闻部分的头条是转载自新华

① 参见《WeChat 注册账户超 7000 万，腾讯开放瞄准国际化》，http://news. xinhuanet. com/tech/2013-07/03/c_124951659. htm。

网的"*CPC Central Committee plenum makes full preparation for key congress*",内容是分析党中央的十八届七中全会作出的与十九大会议相关的政策决议,这篇新闻也是新华网英文版当天的新闻头条;其余三条也同样转载自新华网,分别是有关十八界中共委员会名单、会议中强调的反腐议题和中国近五年改革成果。

新浪网英文版原创的国内政治新闻很少,搜索相关内容可以发现其新闻来源主要是新华网等国内主流媒体。从时间上看,新浪网英文版转载比较及时,和来源网站发布的时间差不大,有的新闻甚至在发布 10 分钟内就被转载。内容选择上,以新浪网英文版有关十九大的报道为例,其选择转载的新闻侧重点各有不同,涵盖经济、生态、环境、军事等方面,并且大多从微观的角度出发,兼顾宏观视角,重视国际上关注的议题。例如"*CPC congress a 'global event' for journalists*"这一新闻,将十九大比作全球记者的盛会,讲述国外记者参与十九大报道的体会;10 月 23 日报道的"*China pledges to further cut PM2.5 density*",关注环境治理这一议题,并且陈述了较为具体的治理目标;"*Visionary CPC blueprint more than just words*"这一新闻转载自新华社,从经济、改革等宏观角度分析了中国今后的发展蓝图。总之,新浪网英文版在新闻转载这一工作上注重多角度选择新闻,避免选题重复,并且注重聆听国际声音,关注微观角度,一定程度上弥补了原创性不高的局限。

新浪网英文版还包含 Weibo 和 Video 部分,Weibo 栏目主要包括国内外主流媒体的微博账号发布的最新内容,Video 栏目是视频新闻网站右侧竖栏主要分为上、下两部分:上面部分是当天的要闻,下面部分是 Top Stories 和 Latest News。页面下部是网站的新闻主体内容,由上到下依次和导航栏的频道相对应,分别是 China、World、Buz&Tech、Entertainment、Sports、Cultural Bridge。新浪网英文版丰富的内容为外国受众了解中国提供了信息资源,诸如新浪网英文版这类的数字媒体可以作为我国主流媒体开展国际传播活动的有益补充。

● 案例分析 ●

一、网站布局符合国外用户视听习惯

新浪网英文版版面设置简洁,页面以深蓝色和白色为主色调,给人以理性、权威的感觉,和国外媒体网站相似,贴近海外用户的阅读习惯。网页中占据视觉中心的内容是中国的政治新闻,这一点和中国主流媒体的英文网站相一致。

二、内容以转载为主,注重整合

新浪网英文版在 China 和 World 这两类新闻方面更新较为及时,Buz&Tech

这类新闻数量也比较多，相比之下在 Entertainment、Sports、Cultural Bridge 等类别更新较慢，新闻数量较少，这说明新浪网英文版较为重视国内外政治、经济的新闻报道。新浪网原创性比较强的内容是 Special Coverage（特别报道）这一版块，这是关于国内外重要新闻的整合策划报道，但是该板块更新不及时，2017 年 10 月该板块的最新一条内容还是一年前的美国大选。

就网站发布的新闻来说，原创内容较少，大部分新闻转自新华社英文版、《人民日报》英文版，这也导致其主页内容和其他网站雷同。新浪网英文版有原创性不强的局限，而在评论性和观点性内容上也较为匮乏，其自身的栏目和分类更像一个内容整合平台。因此，新浪网英文版应该突出 Special Coverage 这一原创板块，对国际新闻进行整合策划，突出资源整合方面的优势。

三、利用网站宣传微博平台

新浪网英文版的另一个特点是将自身的微博平台放在较为突出的位置，利用微博这一社交媒体平台进行传播。进入其 Weibo 栏目，可以看出其页面分为 Editor's Pick 和 They are saying 两个板块。Editor's Pick 板块是精选一些新闻媒体和名人的微博账号，They are saying 则是一些官方账号的最新推文。微博是中国的重要社交媒体平台，也是窥探社会面貌的重要工具，新浪网英文版的用户主要来自海外，通过网页上官方账号将用户引导至微博，丰富和拓宽了国际传播渠道。

相关链接及参考阅读

[1]新浪网英文版：http://english. sina. com/。

[2]《WeChat 注册账户超 7000 万，腾讯开放瞄准国际化》，http://news. xinhuanet. com/tech/2013－07/03/c_124951659. htm。

[3]陈美玲：《我国英文网站在对外传播中的技巧研究》，大连理工大学 2007 年。

[4]李晶：《跨文化传播视野下的网络媒体对外传播能力》，《新闻天地（下半月刊）》2011 年第 2 期。

[5]李慧如：《商业网站在外宣中的作用》，《对外传播》2010 年第 7 期。

[6]高亚茹：《我国新闻网站与商业网站新闻频道现状比较》，《采・写・编》2004 年第 2 期。

[7]刘琼：《商业网站与新闻网站竞争策略浅析》，《青年记者》2009 年第 12 期。

案例 6

海外华文媒体：桥梁沟通，解疑释信

案例背景

近几年，我国政府高度重视海外华文媒体在国际传播中的作用，将其纳入“大外宣”的格局，与国内媒体共同构建国际传播的话语体系，这是一个有着远见卓识的国家战略。从“海外华文媒体高级研修班”“世界华文传媒论坛”到实地体验当代中国的“行走中国”活动，海外华媒以不同形式、不同视角展开与国内的沟通和交流，一方面体现出我国政府对海外华媒的日益重视，另一方面也显现了海外华媒对祖国的深厚情怀。

海外华媒的首要作用是以文化认同感为纽带团结和凝聚海外华人。据统计，海外华人有近 4000 万，遍布世界各地，华人媒体与华人教育、华侨华人社团并称为海外华人社会的三大支柱。正如国务院侨办主任裘援平所言：“期待海外华文媒体期待充当好沟通祖(籍)国与海外侨胞的桥梁作用……期待海外华文媒体在海外和谐侨社建设中发挥引领的作用，促进侨胞共同维护华族的权益和华族的发展，共建团结友爱的大家庭。”[①]这是海外华媒的首要责任，也是其立足之本，只有先立足于华人社会，才能谈及影响其他民族。其次是减少政治距离感，在海外华人舆论中形成积极正面的形象。但是在一些突发事件的报道上，海外华文媒体更多地关注西方主流媒体所发出的新闻素材，或者转述西方媒体的新闻信息。这就说明我国在信息的公开性、透明度、主动性上还存在着不少问题。对一些敏感问题要主动发布、主动解释，减少和避免国际舆论的猜忌。只有先在华人舆论圈里能赢得支持和理解，减少政治距离感，才能谈及对

---

① 参见《国务院侨务办公室主任裘援平对海外华文媒体提三点希望》，http://gb.cri.cn/42071/2015/05/14/8011s4962751.htm。

国际舆论的影响。最后，通过影响有影响力的华人逐步过度到影响当地国的意见领袖。海外华人中的第二代、第三代已经不乏成为当地国经济、政治或者文化领域里的精英，他们往往具有一定的话语权，如朱棣文、赵小兰、骆家辉等。海外华媒可以通过影响这些有影响力的华人，继而再影响到当地的意见领袖。[①]

目前，世界上具有代表性的海外华文媒体有新加坡《联合早报》，北美和欧洲《世界日报》《星岛日报》《明报》《侨报》《欧洲时报》及日本《日本新华侨报》等。由于海外华文媒体的媒体性质与发行范围与我国媒体有明显差异，因此海外华文媒体的国际传播能力与渗透能力表现出了明显的优势。在中国国家形象的塑造、开展国际传播活动的过程中，海外华文媒体正逐渐成为一股重要的力量。

案例内容

2015年5月，由《人民日报》海外版主办、海外网承办的首届海外华文新媒体高峰论坛在北京召开。论坛主题为“新媒体与国家形象传播”，旨在团结和联系海外华文新媒体，促进海外华文新媒体交流合作，凝聚海外华文新媒体力量，积极向国际社会讲好中国故事，传播好中国声音，阐释好中国特色。[②] 区别于以往不同机构举办的华文媒体论坛，论坛紧扣互联网发展趋势，首次将视角聚焦于海外华文新媒体。同时，论坛紧跟国家“一带一路”战略布局，探寻海外华媒的发展机遇。

2017年9月5日，第二届海外华文新媒体高峰论坛在四川成都召开。这次论坛以“一带一路与海外文新媒体”为主题，旨在探讨海外华文新媒体如何抓住“一带一路”倡议之新机遇，加强媒体融合与创新发展，与时俱进地向世界“讲好中国故事，传播好中国声音”，构建起海内外华文媒体互联互通，共同繁荣发展的新格局。[③] 此外，论坛还就“新纽带·新机遇·新成都”“技术创新与新媒体未来”“媒体融合与文创产业发展”“一带一路与绿色金融”“传统媒体与新媒体融合发展”“人工智能＋”等方面进行广泛交流和研讨。

本次论坛共分为五个分论坛：融合论坛，以媒介融合和文创产业发展为议题；金融论坛，一带一路与绿色金融为议题；技术论坛，以技术创新与新媒体未来为议题；合作论坛，传统媒体与新媒体融合发展为议题；人工智能＋，以人工智能＋对媒体发展的影响为议题。

---

① 参见邱凌：《辩证解析海外华文媒体在我国对外传播中的作用》，《对外传播》2015年第10期。

② 参见《〈海外华文新媒体高峰论坛宣言〉在京发布》，http://huaren.naiwainet.cn/n/2015105221c232657－28761256.html。

③ 参见《第二届海外华文新媒体高峰论坛9月将在成都举行》，http://ocnm.haiwainet.cn/n1201710815/c3543087－31070247。

论坛达成了几下几项成果:(1)发布了《海外华文新媒体发展报告(2017)》,全面总结华文新媒体动态,为全球华媒融合发展提供参考。(2)搭建起全媒体技术支撑与内容共享平台——海聚平台,实现全球华文媒体华文资讯共享。(3)与南非《非洲时报》、柬埔寨《高棉日报》、美国美南报系和环球伊比利亚传媒公司签约,合作空间大幅提升,内容涵盖网站、客户端、广播电台等全媒。(4)与会华文媒体达成《成都宣言》,一致表达了携手并进、互联互通,打造全媒体融合发展新格局的心声。

论坛参会各方在《成都宣言》中达成共识,海外华文媒体作为世界了解中国的重要载体,在"一带一路"建设中,具有凝聚华人社会、促进中外交流的独特优势。有必要通过海外华文新媒体论坛这一专业平台,凝聚力量,共享机遇,把握"一带一路"重要发展机遇,拓展华文媒体传播的崭新境界。同时,《宣言》为华文媒体的发展指明了方向,主要包括以下几个方面:把握"一带一路"重要发展机遇,拓展华文媒体传播的崭新境界;参与"一带一路"建设进程,深入推动中国形象的海外传播,助力中国与世界的互联互通;将在海内外"一带一路"枢纽城市继续举办海外华文新媒体高峰论坛,加强海外华文媒体之间、海外华人社会与祖(籍)国之间的紧密联系;构建起海内外连通互补、全媒体融合发展的新格局等。[①]

国内外媒体对此作了很高的评价。人民日报社编委、海外版总编辑王树成认为这是一场令人振奋、充满智慧的交流:"高峰论坛的谢幕,意味着海外华文新媒体合作一个崭新的开始,希望华文媒体好伙伴秉持开放、平等、协作、分享的互联网精神,把中国的故事讲述好,把中国的声音传播远。"《加中时报》主任吴广廷为论坛点赞,称其为海外华媒提供了一个相互认识、交流经验的平台,既能有效提升海外华媒的素质,又能帮助海外华媒人了解祖国的发展情况,更让他们在海外"唱好中国"以及反驳某些西方言论时,有更充足的底气。[②] "干货很多!"英国《闻周刊》华执行主编张雪认为,"论坛的议题设置、嘉宾的演讲,内容都十分有价值。关于媒体融合、大数据赋能媒体以及运用 VR 技术进行直播等话题,正是我们自身在全媒体融合转型中在思考的问题,主办方安排的很周到"[③]。

① 参见《成都宣言发布:构建海内外华文媒体融合发展新格局》,http://ocnm.haiwainet.cn/n/201710905/c3543087-31103612.html。

② 参见《海外网华媒点赞第二届海外华文新媒体高峰论谈:干货多!》,http://ocnm.haiwainet.cn/n/201710907/c3543087-31105629.html。

③ 《海外网华媒点赞第二届海外华文新媒体高峰论谈:干货多!》,http://ocnm.haiwainet.cn/n/201710907/c3543087-31105629.html。

案例分析

一、海外华文媒体在国际传播方面优势突出

在讲好中国故事、助力“一带一路”方面，海外华文媒体具有特殊优势，在宣传报道中起到独特的桥梁纽带作用。海外华文媒体多由所在国和地区的华侨华人创办，多数有国内生活经历，了解中国国情，同时又长期生活在当地，对当地风俗习惯等也比较了解。海外华文媒体的主要受众是当地的华人、华侨和华社，通过宣传报道能够加深他们对“一带一路”的理解和支持，并通过他们影响所在国和地区的民众。

二、新媒体革命为海外华文媒体提供发展机遇

面对新技术革命和互联网大潮的冲击，传统华文媒体着力研究转型发展，一场谋求融合发展的新媒体革命正在展开。海外华文新媒体的崛起，不仅将为海外华侨华人社会和驻在国读者提供更丰富的新闻产品，也为更便捷、有效地传播中华文化提供了新的重要平台。“互联网＋”时代，传播的速度和广度不断被突破，传统媒体与新媒体融合发展，为海外华文媒体的创新带来机遇，也为助力“一带一路”、讲好中国故事提供了崭新方式。

三、“一带一路”成为海外华文媒体历史机遇

“一带一路”沿线国家拥有丰富的华文媒体资源，具备沟通中外信息、开展文化交流的独特优势。在“一带一路”倡议渐成全球共识的当下，海外华媒特别是新媒体应紧紧抓住历史机遇，做好“一带一路”建设的传播者和推动者。在此背景下，国务院新闻办公室副主任郭卫民向海外华文媒体提出了以下三点建议：华文媒体要积极关注中国的发展和治理理念，充分报道“一带一路”各项政策举措、重大战略项目及取得的进展，用好“一带一路”建设所提供的丰富素材；坚持创新发展，强化技术驱动；增进交流合作，实现共同发声。① 面对全球舆论格局的深刻变化，海外华文新媒体应以共建“一带一路”为契机，牢固树立“合作共赢”的理念，善于运用“1＋1＞2”的思维，加强与其他海外华文媒体、驻在国主流媒体、尤其是国内中央和地方媒体间的交流合作，共同把“丝路故事”讲述得更加生动，把中国声音传播得更加广泛。

---

① 参见：《国务院侨务办公室主任裘援平对海外华文媒体提三点希望》，国际在线，http://gb.cricn/42071/2015114/801154962751.htm，2015年5月14日。

相关链接及参考阅读

[1]邓敏:《互联网时代下的华文媒体如何讲好“中国故事”》,http://www.worldchinese-media.com/ss/? action-viewnews-itemid-254。

[2]侯东阳:《在国际舆论中有效地传播中华的声音——对海外华文媒体访谈的思考》,《东南亚研究》2011年第3期。

[3]晏齐宏:《网络时代海外华文媒体影响力获得路径》,《青年记者》2015年第10期。

案例 7

日本新华侨报：优质内容，本土策略

案例背景

一般而言，海外华文媒体是指中国大陆和中国香港、台湾、澳门地区以外，以汉字为传播方式的大众传播媒介，包括报纸、杂志、网络媒体、广播、电视以及各种新兴媒体，多由在海外定居的海外华人创办。正因为海外华媒不是在中国经营运作，其体制模式、经营管理、报道风格和传播范围均不同于国内媒体。这些差异也意味着在构建国际传播的话语体系及在“大外宣”格局中，海外华媒与国内媒体的责任、义务及所承载的功能均有不同。

我国媒体是国有型体制即政府所有制：新闻资产归国家所有，实际上归代表国家政权的政府所有，负责人由政府直接指派任命；经济来源依赖国家财政拨款、广告收入等。而海外华文媒体多为私有体制，在这种体制下，新闻媒体属私人所有，负责人由私人媒体集团自行安排，经费来源主要依靠广告收入和其他经营收入。[①] 例如，新加坡的《联合早报》是东南亚的华文媒体代表，它的背后是实力雄厚的报业控股集团。在海外的华文媒体都是私有型体制。这种体制下的媒体最大的特点就是“去党派化”“去政治化”，以显示客观、中立的态度，在经营上高度市场化，在采编上也比较自由，较少受到约束，这与国内媒体以“党和政府的喉舌”为己任是完全不同的。国有媒体和私有媒体最大的区别就在于宣传党和国家政策、维护国家形象是国有媒体义不容辞的责任，而对于私有媒体，并没有这样的责任或义务为党和国家去宣传、去代言。认清体制差异，有助于制定合理的策略去助推海外华文媒体主动宣传、为我国代言。

海外华文媒体的立足点是为海外的华人提供新闻信息，包括国内信息、当

① 参见邱凌：《辩证解析海外华文媒体在我国对外传播中的作用》，《对外传播》2015 年第 10 期。

地国信息、华人社区信息、生活服务等各类信息。对于国内比较关注的政治新闻，海外华媒在报道中往往采用非官方的消息源，猎奇性明显，有时娱乐味道也比较浓重。从海外华媒的新闻传播体制及其新闻诉求来看，其定位是“华人媒体”而不是“中国媒体”。所以，如何转变其新闻采编风格及倾向性，从旁观者变为中国形象的建构者，就需要通过各种政策和激励措施使其成为国际传播的传播主体。事实上，华文媒体也是处于双重情感的交织中，一方面对国内政党、政治有着疏离感，另一方面却又积极维护华人在海外的利益和权益，代表华人的声音与西方媒体抗衡。如美国《侨报》经常报道当地对华人事务的政策，使华人能够更好地融入当地社会，还开设专栏让华人华侨发表对美国和当地时政的意见。通过这些华文媒体的传播，华人在美国社会的话语权也逐渐得到提升。[①]

案例内容

《日本新华侨报》是一份在日本有着重要影响力的综合性华文报纸，由旅日华侨蒋丰于1999年创办，每期发行量9万份旬刊，经过近20年的发展，已经发展成为集报纸、网络、手机版、电子版等多种传播形态于一体的媒体，取得了卓越的成就。与众不同之处是，每期以7～9个大幅版面全面报道在日华人，成为日本华文报纸之最；每期主打版面实现“版版有言论”，成为日本华文报纸首创；“中日新闻”“版面专辟”“百字资讯”栏目等，成为日本华文报纸独有；国内官方和民间门户网站转载率最高，已成为海外华文报纸的代表。[②] 目前，《日本新华侨报》的整体布局分为日本新闻、华侨华人新闻、霓虹医疗直通车、赴日旅游、在日购房，另加军事新闻版、总编高端访谈以及《人民日报》海外版授权刊登专版。

《日本新华侨报》的报道讲究公正客观，因而在日本社会具有较高的公信力。以经济报道为例，许多经济新闻都体现了中国经济发展对日本经济发展的影响，并指出了中日合作的重要性，例如《中国游客正在改变日本的支付方式》《日本跨境电商为何主攻中国市场》等新闻。同时，许多经济新闻反映了中国经济发展的成就及前景。例如，《财政收支折射中国经济之变》《中国经济巨轮行稳致远》《中国吸引外资仍具优势》等。另外，《日本新华侨报》也通过新闻报道指出了中国经济发展过程中存在的一些问题。例如，《中国发展海洋经济可借鉴日本经验》《中国企业面临“知识产权陷阱”》《中国经济不应走日本“泡沫经济”的老路》等报道，都由中日专家撰写，具有较强的权威性、专业性与说服力。

《日本新华侨报》的特色之处在于它还开辟了“本报总编高端访谈”系列，其中又分为日本政界、日本知事、日本文化界、日本经企界四个栏目，由总编辑蒋

① 参见彭臬婷：《用海外华文传媒提升中国国际话语权》，《新闻世界》2013年第8期。

② 参见《日本新华侨报特色》，http://www.jnocnews.jp/news/Newsinfo.aspx? id=172。

丰对日本的政治、经济、文化界等精英进行专访。通过高端专访，将日本政治、经济、文化、企业界精英的观点呈现给受众尤其是日本受众，此种传播方式是中国国内媒体所做不到的，也是日本大众媒体很少做的。这些有关中日对话、友好合作的观点和看法，本身出自日本的精英们，对于日本受众有着极强的说服力，因此更能赢得他们的信赖。

随着互联网时代的到来，2002 年，一家全新的综合新闻网站——日本新华侨报网正式诞生。作为面向以中国大陆为中心的汉语圈地区和旅日华侨华人的综合性网站，日本新华侨报网依托《日本新华侨报》的纸质媒体优势，已经张扬起"欲知更多、更快、更新的日本新闻、在日华人新闻，请点击——日本新华侨报网"的独家旗帜。①

日本新华侨报网还与 2011 年 9 月创刊的日语版《人民日报海外版日本月刊》联动，将中国的经济动向、社会形势等介绍给日本社会，构建起了一条中日双语双向沟通的桥梁。日本新华侨报网和《日本新华侨报》《人民日报海外版日本月刊》一起，成为"三驾马车"，源源不断地向以中国大陆为中心的汉语圈地区提供最快、最新的日本政治、军事、经济、社会、文化新闻及在日华侨华人动态。此外，日本新华侨报网作为中国国内了解日本的重要窗口，以其独特的资讯和独家的评论广为国内媒体引用与传播。日本新华侨报网还是中国新闻社的中国新闻网、新华社的新华网、人民日报社的人民网、人民日报海外版的海外网、中国中央电视台央视网、中国国际广播电台国际在线、环球时报社的环球网等中国主流媒体成为海外战略合作伙伴，也是目前中国大陆唯一能够浏览的在日华媒网站。②

从 2011 年开始，日本新华侨报网还开设了视频栏目。先后与凤凰卫视、香港卫视、广东卫视、深圳卫视、东方卫视、湖北卫视、云南卫视、贵州卫视、CCTV、大连电视台等网络视屏及电视台携手合作。从平面媒体到立体媒体，从一般新闻到热点事件，日本新华侨报网视频都以最直观的方式，向读者展现一个个最生动的新闻画面。特别在环球网同步播放的"蒋述日本"栏目，讲述日本政治军事、社会经济、风土人情等，是最受中国大陆网民喜爱的视频节目之一。

---

① 参见《"日本新华侨报网"特色》，http://www.jnocnews.jp/news/Newsinfo aspx? id=172。

② 参见《"日本新华侨报网"特色》，http://huaren.haiwainet.cn/n/201410208/c456180-20251754.html。

案例分析

新时期海外华文媒体如何“讲好中国故事”，塑造良好的国家形象问题，《日本新华侨报》有以下几个亮点可供借鉴：

一、“借船出海”，提供权威信息

世界各地的华文媒体已经成为世界传媒体系的一部分，在世界经济、政治、文化中发挥着作用。华文媒体在发展的过程中也面临着一些问题，诸如华文媒体如何共创良性互动和合作共赢的新局面、华文媒体如何继承和发扬中华文化传统、华文媒体如何应对“新媒体”和“跨媒体”时代的挑战等。在这一背景下，“借船出海”战略应运而生。《日本新华侨报》抓住中国国际传播“借势”海外华文媒体以提高传播效率的契机，与《人民日报》海外版进行深度合作，被授权刊登《人民日报》海外版的稿件，获得新鲜的、权威的的国内消息来源，实现二者“双赢”。

二、报道客观，积极塑造国家形象

从《日本新华侨报》的报道来看，无论是经济报道、文化报道、军事报道还是社会报道，都具有客观而全面的特征。其报道不仅指出了中国发展过程中取得的成绩，也指出了发展过程中面临的问题。这种报道策略有利于受众全面了解中国国情，弱化媒体的宣传色彩，强化国际传播内容的说服力。平衡报道能够实现更好的传播效果。

三、采取“本土化”，融入主流社会

《日本新华侨报》在融入当地主流社会方面，取得了不俗的成绩，远超过其他华文媒体。为保证较高的传播效率，《日本新华侨报》采取了“本土化”策略，不遗余力地向日本民众传播，受众早已不仅仅是单纯的华人。同时，还建立了“旧语版本”，其电子版有中、日两种语言，整个日语版本的设计简洁、爽朗，亦赢得了大批日本受众的喜爱。最为突出的是《日本新华侨报》通过“总编高端访谈”凝聚了来自政界、经济界、文化界等多领域的精英人士，这是融入日本主流社会的成功案例。通过日本各界精英来传播中国声音，《日本新华侨报》的传播力有了很大提高，这对塑造中国国家形象有着特殊的作用。①

① 参见侯金亮：《日本华文媒体与中国国家形象的传播——以〈日本新华侨报〉为例》，西南大学硕士学位论文 2013 年。

相关链接及参考阅读

[1]彭枭婷:《用海外华文传媒提升中国国际话语权》,《新闻世界》2013 年 8 月。

[2]侯金亮:《日本华文媒体与中国国家形象的传播——以〈日本新华侨报〉为例》,西南大学硕士学位论文 2013 年。

[3]刘健、陈昌凤:《国际传播新路径:借船出海与公民参与》,《对外传播》2015 年第 2 期。

案例8

环球时代传媒有限公司:借船出海,互利双赢

案例背景

由于新闻体制的差异,西方受众更相信民营媒体,一些较小国家的媒体则相信美国的主流媒体,只要新闻源是它们的,不管是否属实都会盲目转载转播。而对中国的官方媒体,他们则会持质疑的态度。我们的国际媒体虽然是国有体制,但是不应有意无意地显示代表官方,而是客观、真实地反映我国实情。否则,会降低国际传播的可信度,使受众产生逆反心理,导致即使我们的报道是实事求是的,但传播效果大打折扣,正面报道在无形中变成了负面报道。

与外国新闻媒体展开多样化的合作,来参与国际传播活动已经成为塑造我国国家形象的重要途径之一。但在我国,新闻传媒仍然是由政府为主导,民间外交、民间传播的比重还有待提高。事实上,以非官方组织或者地方媒体作为与当地沟通的媒介和桥梁往往会收到很好的传播效果。从全球社会的角度来看,不同民族、不同社会民众间的传播与交流活动本身其实应当是国际传播的根本内容。[①] 因而可以考虑以下几种合作模式:具有雄厚实力的地方传媒集团可以考虑通过收购(或参股)西方主流媒体的形式参与国际传媒竞争,进军全球媒体市场(应注意与港澳媒体密切合作);同时应该推进和加强与海外华文媒体的全面合作,依托他们共同打造面向所在国当地民众、使用本地语言的"本土媒体"(凤凰卫视是个很好的尝试);民营媒体也应该积极"走出去",实施"农村包围城市"战略。

"蓝海国际传播促进会"是现在积极尝试的典型代表。"蓝海国际传播促进

① 参见简艺:《全球环境中的中国对外传播》,《现代传播》2000年第2期。

会”是一个非盈利的民间组织。[①] 创办蓝海电视的初衷是由于在现阶段，我国媒体大多未能进入西方主流社会，而西方媒体对我国的报道普遍存在偏见。这类合作的媒体机构通过西方的表达方式，以传播中国特色内容为特色，开创了中国对外传播的新模式。它不仅为海外受众打开了一扇了解中国的窗口，更是对我国国际官方传媒体系的有益补充，对于多方位、多角度地传播国内信息有着重要的作用。我们与国外媒体要采取既竞争又合作的方式，既要敢于与他们争夺国际话语权，又要借鉴国外媒体在对外传播上的先进经验发展自身。

案例内容

由中国国际广播电台(CRI)控股的环球时代传媒有限公司(Gbtimes)是我国媒体通过与他国媒体合作以参与国际传播活动的典型代表，并且取得了良好的效果。多年来，Gbtimes 不断与中国媒体和各级政府建立战略合作伙伴关系，成为欧洲与中国之间传播交流的重要接口。它提供跨文化和跨境交互式沟通，促进中国与欧洲甚至世界其他国家和地区更好地了解，正如 Gbtimes 官方网站所介绍的，其目标是成为中国和世界沟通的桥梁(Our aim is simple. We are a bridge between China and the rest of the world)，致力于 BRINGING CHINA CLOSER。

CRI 通过在海外购买整频率电台、设立节目制作室、与当地媒体合作等形式完成 系列的海外传播“本土化”。环球时代传媒有限公司是在欧洲、中东、北非地区和中国各地运营的独特媒体业主，通过无线电广播、电视和数字平台以及社交媒体上发布新闻，为中国和西方之间有更多的了解做出贡献，为欧美客户提供了一系列具有成本效益的跨文化交流服务。其总部设在芬兰坦佩雷市，旗下新闻网站为包括英国、意大利、希腊、芬兰、挪威等在内的 12 个国家提供不同的新闻信息，运营着 14 个广播电台。[②]

旗下 Gbtimes 网站每天发布大量的中国新闻，以 2017 年英文版为例，主要包括 Current affairs、Life & culture、Business & technology、Only in China、China photo、China video、Listen to partner radios、Learn Chinese 八个板块的信息内容。其中，日常生活和文化板块(Life & culture)又包括旅游(China travel)、文化和历史(Culture & history)、美食(Chinese food)三个部分。商业和科技板块仅设置中国航天工程(China’s space program)一个分板块，详细报道我国航天事业取得的成就。值得一提的是，在汉语学习(Learn Chinese)板块

① 参见王甲:《蓝海国际传播促进会中国民间媒体进军美国电视业》，人民网，2008 年第 9 月 23 日。

② 参见周庆安、杨昊:《中国媒体对外传播“本土化”研究——以芬兰环球时代传媒公司为例》，《对外传播》2015 年第 11 期。

设置了孔子课堂，用户可以直接通过网页链接学习汉语课程（成语、唐诗、节气等），甚至还可以通过网页报名 HSK（汉语水平考试）。

CRI 通过与 Gbtimes 的合作搭建了一个落地芬兰，面向欧洲，甚至面向世界的传递“中国故事和中国声音”的平台。同时通过与当地文化、媒体、受众的深度融合，实现传播效果最大化，为提高我国媒体在国际主流媒体中的竞争力献了一份力量，主要体现在：

首先，本土化的语言是实现国际传播顺利进行的前提，Gbtimes 公司旗下的 Radio Classic 电台雇佣本地员工用芬兰语播放古典音乐节目，从而确立品牌与口碑，稳定并逐步扩大听众群体。Gbtimes 新闻网站同时拥有英语、法语、芬兰语等多种语言选择，有针对性地为不同地区的民众提供新闻。

其次，Gbtimes 通过调查问卷精确了解用户的媒体使用习惯，从“泛化”的受众定位向精确的“分众化”定位策略转变。与中国偏好宏观的综合性思维相比，西方人更偏好从细节讲故事。具体到新闻上，北欧人更喜欢有趣的奇闻“异”事（odd news）和以微信为代表的互联网科技类新闻。由此，网站选择的新闻侧重中国科技领域、互联网发展与创业创新等方面，注重“讲述”（tell），而非“劝说”（persuade）。

最后，民众是对外传播过程中最关键的因素，对外传播效果良好与否取决于当地民众的直接印象，因此，Gbtimes 选择与当地相关部门和非政府组织合作，构建民间传播渠道。如举办坦佩雷微电影节，让普通人在亲身参与和体验中感受真实的中国。同时，通过孔子课堂吸引当地民众学习中文，由语言学习带动文化吸引，避免直接的意识形态输出。此外，公司还计划引进用芬兰语译制的中国电视剧或电影，输出民族文化品牌产品，打造具有中国风格、符合国外受众心理和鉴赏习惯的精品栏目来赢得关注，进而带动整体国家形象的建构。[①]

案例分析

一、中国立场、国际视野和本土表达

近年来，中国不仅作为政治主体和经济主体参与国际社会的建构和博弈，更努力成为勇于表达和善于表达的思想主体。Gbtimes 公司是国际平台对外传播战略的最前线，实现了广播、电视和网络等多媒体的融合，搭建了全媒体平台。在传播过程中体现了“中国立场、国际视野和本土表达”的特点，坚持中国立场意味着在对外传播中坚决维护我国利益，在国家主权、国家形象、经济利

① 参见孟锦：《中国对外传播的全球本土化策略初探》，《中国广播电视学刊》2014 年第 7 期。

益、政治信仰、文化传统等敏感问题上勇敢发出中国声音。① 根据国际形势变化与国际关系背景，同时尊重各国受众和文化的差异性，因地制宜地确定传播内容，为欧洲及世界其他国家了解中国以及中国了解世界提供了一个有效渠道。

二、多方兼顾、开放包容和动态平衡

但同时也要意识到，仍有部分国家和媒体存在 Gbtimes 虽显示描述内容来自独立方，其实播放的是中国政府的观点，是为中国进行政治公关等偏见。因此，环球时代传媒有限公司在本土表达的过程中需努力做到以下几个“兼顾”，在开放、动态且包容的平衡中以期达到较好的传播效果：

首先是不同观点的兼顾。网站上有关中国的新闻报道力求客观、平衡地为持不同意见的人提供相对平等的表达权利。尽管不同国家在思维习惯、政治态度和文化背景上有所差异，但对社会一些议题有着相似的标准或共识，正是这种共识使得不同国家和民族拥有“共同经验”，为相互沟通和交往奠定基础。在一些敏感的国际议题上敢于发声，避免一味迎合西方观众口味，而是寻求中西利益的交集。

其次是官方声音与民间声音的兼顾。目前我国许多对外传播机构仍然扮演政府宣传工具的角色，以正面宣传为首要职责，官方话语体系留给民间声音的空间少之又少，即便有也都以附和支持为主，鲜有批评之声，而这也是中国媒体被西方视为“政府喉舌”的主要原因。鉴于此，Gbtimes 应注重在官方和民间的不同声音中取得“平衡点”，并非一味为政府唱赞歌。事实上，在对外传播中重视民间声音的表达更易于为海外受众所接受，有利于塑造一个自信积极的国家形象。

最后也是更重要的是政治色彩与人文关怀的兼顾，即“硬新闻”与“软新闻”的兼顾。网站上既有关于我国各项政策、各项事业发展和突发事件的硬新闻，让世界感受中国脉搏，也有包括中国历史文化、风土人情和人民生活的软新闻，重在向世界展示中国文化的独特魅力和现代中国人的精神风貌。针对不同的受众，对外传播媒体应有所分工，各有侧重，既有以政治为主、侧重短平快的硬新闻，也有强调人文关怀、以情动人的软新闻。二者相辅相成，刚柔并济，以此平衡对外传播的信息传递功能和娱乐功能，才能最大限度地争取国际受众。②

相关链接及参考阅读

[1]Gbtimes 新闻网站：https://gbtimes.com/page/about-us。

---

① 参见赵达：《中国立场·世界眼光·人类胸怀——中国国际广播电台台长王庚年谈创办 CIBN》，《光明日报》2011 年 1 月 25 日。

② 参见周庆安、杨昊：《中国媒体对外传播“本土化”研究——以芬兰环球时代传媒公司为例》，《对外传播》2015 年第 11 期。

[2]赵惜群、王浩等:《提升我国网络媒体国际传播力的路径探析》,《中州学刊》2015 年第 12 期。

[3]参见简艺:《全球环境中的中国对外传播》,《现代传播》2000 年第 2 期。

[4]程曼丽:《国际传播学教程》,北京大学出版社 2016 年版。

[5]李智:《国际传播》,中国人民大学出版社 2013 年版。

[6]周庆安、杨昊:《中国媒体对外传播“本土化”研究——以芬兰环球时代传媒公司为例》,《对外传播》2015 年第 11 期。

[7]王庚年:《论国际台节目海外落地发展战略》,《中国广播电视学刊》2005 年第 10 期。

[8]任永雷:《中外媒体境外落地特点比较及对策研究》,《对外传播》2012 年第 5 期。

国际传播内容篇

在狭义的国际传播范畴中，国际传播内容仅指以国家政府为主体发布的信息，而在广义的国际传播范畴里，由于主体趋于多元化，自然传播内容也就丰富很多。鉴于篇幅所限，本篇在广义范畴下选取了以大众传播渠道为主的国际传播内容，包含新闻、形象宣传片、综艺节目、纪录片、电影、文学作品等内容类型作为案例进行分析。

案例1

国内新闻:突发事件,先声夺人

案例背景

在当今世界舞台上,讲好中国故事对提升国家文化软实力、提高国际话语权、引导国际社会全面客观地认识中国具有重要而深远的意义。特别是在重大突发事件面前,中国媒体如何应对,怎样组织对外报道,不仅关系到国际舆论氛围的好坏,也为国家形象的塑造提供了机遇和挑战。

新闻传媒在开放的国际竞争环境下求生存、求发展,首先必须解放思想,更新观念,树立竞争意识。由于突发事件多为天灾人祸,害怕报道会产生负面影响,在过去较长的一段时间里,我国媒体对突发事件的报道畏畏缩缩,或是隐瞒不报或是推迟报道。不发声或发声不及时所带来的后果通常是各种各样的猜测和不同意识形态的西方媒体罔顾事实、颠倒黑白的报道。然而,事实证明,这种态度和做法是不正确的,会降低我国媒体的公信力。为了传递好中国声音,讲好中国故事,在对外报道过程中,我们有必要根据目标受众阅读和接受信息的方式,尊重新闻传播规律,报道事实,以正视听。

加强突发事件的报道有利于媒体扩大自身的影响力。突发事件的灾难性曾一度使我们的媒体对之望而却步,然而,正是由于它意外爆发、冲突强烈、后果严重、影响广泛等特点激起了受众无限的新闻欲望,往往备受社会各界关注,因而具有极高的新闻价值,成为媒体竞相争夺的焦点。翻开现代新闻传播史,一起重大突发事件的报道,往往能成就一类或一家媒体的崛起。比如广播史上人们津津乐道的罗斯福“炉边谈话”,电视史上的肯尼迪总统遇刺,美国有线电视新闻网CNN在海湾战争中的异军突起,卡塔尔半岛电视台在“9·11”事件及随后反恐战争中的脱颖而出,等等。如今,互联网也是以其在突发事件报道上的优越性及出色表现屡屡引得大众的瞩目,因而成为具备强大竞争力的第四媒体。

案例内容

2013 年 4 月 23 日，新疆喀什地区巴楚县色力布亚镇发生一起严重暴力恐怖事件，工作人员在发现并处置多名制造爆炸物和携带管制刀具的可疑人员时遭暴徒袭击。此次恐怖袭击造成 15 名民警、社区工作人员被杀害，2 人受伤。处置过程中击毙暴徒 6 人，抓获 8 人，另有多人逃往外地后被抓获。随后查明，这是一个预谋进行暴力恐怖活动的团伙。

对于中国藏疆地区发生的暴力恐怖事件，西方媒体一概或明言或暗示，指为民族冲突和宗教冲突，诬称因汉人政权对藏族、维吾尔族实施利益侵犯和宗教迫害而致当地人激烈反抗，并毫不掩饰地表达了对被抓分裂分子、宗教极端分子和恐怖分子的同情。在西方媒体口中，事件只是"一贯动荡的中国西部又一起暴力冲突"，其"恐怖性质"仅是中国官方的一种描述。境外疆独组织"世界维吾尔人大会"扰乱视听的说辞则被一些西方媒体引述。例如美联社报道就对"4・23 暴力恐怖事件"始终只以一个中性的"事件"(incident)称呼，对残暴的恐怖分子也只是称呼为"袭击者"(assailants)。路透社报道同样将其说成"一个穆斯林维吾尔人与汉族中国人旷日持久的民族紧张关系中的一个事件"。

事件发生后，国内媒体第一时间进行报道。中国日报网也于 4 月 24 日 14 点 21 分发布了一条消息"Violent attacks occur in China's Xinjiang"，2 个小时后在 China Daily Europe 中发布了第一篇新闻"21 dead in Xinjiang terrorist clash"，对事件进行了初步报道。《中国日报》迅速派出记者赴喀什地区现场采访，记者崔佳走访了事发各处场所，采访牺牲的民警、社区工作人员的家人、同事以及受伤治疗的民警，深入社区、市场、政府部门，收集了大量素材，写出了深度报道《色力布亚：恐怖的一天，痛苦的回忆》(*Recalling pain from day of horror*)。记者通过还原当时的场景，直接引述受害者亲人和目击者的话语来对事件进行客观真实的报道。

记者的现场描述是这样的：

> 院子中的六间房子已经几乎完全被烧毁，只有几面残破的墙还立着，微风中夹杂着被烧过的木头和书本的味道。在装饰着传统维吾尔族图案的院子大门上还可以看到被溅上的、已经变黑的血迹。这一切无言地向人们叙述着几天前这里的惨烈。
>
> 50 岁的阿提坎・阿外力是塔依尔・艾海提的姨。(被杀害的)塔依尔是英巴扎社区的治保主任，出事的房子就在他的辖区。当阿提坎看到院子里的场景的时候，她被震惊了，然后控制不住地哭了起来。所有在场的人都安静了下来，很多人开始眼含热泪。

“我是一名小学老师，当我听说出事的时候我在上课。我从来没有想过我的亲人会在遇害者里面，”她说，“怎么可能发生了这样的事呢？塔依尔家人的生活从此一切都变了，色力布亚也会不一样了。”

……

在采访到受伤民警艾合买提江·吾布力时，他回忆当时的情景，记者是这样描述的：

“让我万万没想到的是参与砍杀的暴徒中还有和我从小一起长大的朋友，我认出了他，我想他也认出了我。但是这并没有让他们停止暴行，他们见人就杀，他们已经没有了情感。”“他们就像是恶魔，要把你吃掉，”这名26岁的新疆民警说。说完这句话，他停顿了一下然后说：“不，他们就是恶魔。”艾合买提江躺在病床上，头上缠着厚厚的绷带，被刀砍过后的伤口仍然很痛，因此他说话的声音很轻，很慢。①

上述记者的现场描述是最生动的人类情感的流露，也是最真实的人性描述，同时也是暴徒人性扭曲的真实写照，是对极端宗教主义的无言控诉。当西方读者读到这些文字的时候，他们会被这活生生的事实所震撼，会知道被残杀的群众大部分也是维吾尔族人，会从内心里激起对丧失人性的暴徒的愤怒，而不可能再认为这些人是所谓的“遭汉人迫害的少数民族民众”。

这篇文章刊发后，引起外媒的广泛关注，被包括美联社、《南华早报》在内的境外主流媒体转引101条次。美国读者托马斯·霍华德(Thomas Howard)来信，对恐怖分子的残暴行径表示震惊，斥责他们是“全世界的共同敌人”，并表示：经历过“9·11”的美国人和美国政府应该对恐怖分子有同样的愤慨。

在随后的一周之内，中国日报网对该事件进行连续跟踪报道，截至4月30日，中国日报网关于“4·23”新疆暴恐事件的报道已有10余篇。这些报道包括事件的后续发展、初步调查结果、中国官方的表态和恐怖袭击中的一些细节。从5月2日开始，报道主要侧重于对该暴力事件和有关世界恐怖主义的评论以及对西方媒体歪曲报道的抨击，此类报道约有8篇。8月12日，新疆喀什地区中级人民法院对巴楚“4·23”暴力恐怖案件中的5名被告人一审公开开庭审理并宣判，中国日报网于次日对庭审结果作了报道，标题为“Two terrorist leaders sentenced to death in Kashgar for attacks”。

这篇报道最终荣获2014年第二十四届中国新闻奖三等奖。中国日报网在这次暴恐事件的对外报道取得了比较理想的传播效果，在西方媒体带有双重标准的歪曲报道中起到了以正视听的作用。

---

① 参见刘式南：《从中国新闻奖获奖作品看暴恐事件的对外报道》，《中国记者》2015年第3期。

案例分析

作为向全球传播权威中国资讯的官方网站，中国日报网在“4·23”暴恐事件后的及时发声和连续报道是中国在国际传播中发布权威信息、及时维护国家形象的表现。中国网日报之所以获得较好的国际传播效果，一是遵循了危机处理时把握信息发布的“3T”原则，二是建立在深入采访基础上的写作报道注意关照了西方读者的新闻阅读习惯，也就是西方的新闻价值观，以此降低了其对中国官方媒体的不信任感。“4·23”暴恐事件发生后，作为官媒的中国日报网以最快速度连续发布消息，向海外受众提供真实、详细的信息，对事件进行尽可能全面的介绍，这是在国际传播中抢占舆论制高点的重要一步。尤其是在西方媒体充满偏见和歪曲报道盛行之时，这种话语权的争夺显得更为重要。

一、危机处理时把握信息发布的“3T”原则

事件发生后，中国日报网的做法是遵循了处理突发危机事件时发布信息的“3T”原则的表现。“3T”原则是危机处理的一个法则，有三个关键点，由英国危机公关专家里杰斯特(M. Regester Michael)在 *Crisis Management* 一书中提出。“3T”原则的内容包括：Tell You Own Tale(以我为主提供情况)，强调政府牢牢掌握信息发布主动权；Tell It Fast(尽快提供情况)，强调危机处理时政府应该尽快不断地发布信息；Tell It All (提供全部情况)。3T 原则强调信息发布全面、真实，而且必须实言相告。中国日报网在大致三个时间段的系列报道，将事件的始末及时、权威、全面地展现给国内外的读者，这是其取得成功的一个很重要的原因。

二、传播手段与传播对象的认知体系和规范相一致

中国日报网这次报道的成功还有一个原因就是抓住了目标受众的阅读和接受信息的方式来进行报道，即首先要注重报道的客观性，淡化宣传痕迹。西方新闻界一向标榜报道的客观性，《色力布亚：恐怖的一天，痛苦的回忆》这篇报道完全是客观地记述记者的所见所闻，不夹杂丝毫记者自己的主观感受，使报道的可信度和说服力大大增强。其次，这篇报道通过人性的报道角度，以一种非官方的口吻来叙述，以浓烈的人情味来打动读者，将读者带入现场。在突发事件的对外报道中，这种小角度的切入和生动的叙述很容易获得西方读者的信任并引起共鸣。此外，注重细节描写和侧面报道。当重大新闻事件发生后，读者往往希望看到多层次、多细节、多侧面地反映这个事件的新闻。《色力布亚：恐怖的一天，痛苦的回忆》通过对暴力袭击发生后的当地环境描写和对受害者

家属、幸存者的语言与神态描写，非常立体化地展示了人们失去亲人的痛苦和对恐怖分子的愤恨。

在对外报道尤其是突发事件的对外报道中，我们需要掌握报道的主动权，积极引导舆论，维护我们的国家形象。而要想获得这种主动权，除了注重报道的时效性之外，还要根据受众认知接受信息的特点来调整传播行为，以一种适应受众的传播手段和报道方式来准确传递信息。而这恰恰也是传播国际化和传播本土化相结合的应有之义。

相关链接及参考阅读

[1]Recalling pain from day of horror，http://usa. chinadaily. com. cn/china/2013－05/02/content_16466718. htm。

[2]相关新闻链接：http://searchen. chinadaily. com. cn/search? sortBy =%2Bpublishtime&view=allsitesppublished&classify=en&navigation=&drillDown=&drillUp=&offset=27&query=Xinjiang++terrorist+attack。

[3]《中国新闻网重大新闻的对外报道》，http://www. chinanews. com/gn/cns60/news/173. shtml。

[4]李妮：《如何以海外视角报道中国新闻——以中新社对外报道为例》，《国际传播》2016 年。

[5]王若琳：《〈中国日报〉突发灾难事件对外报道现状研究——以“8·12”天津爆炸事故为例》，北京外国语大学硕士学位论文，2016 年。

[6]程曼丽：《国际传播学教程》，北京大学出版社 2016 年版。

[7]李智：《国际传播》，中国人民大学出版社 2013 年版。

案例 2

形象宣传片:精彩创意,国家名片

案例背景

形象宣传片又称为“品牌宣传片”,是一种介于广告和专题片之间的电视作品形式,它一方面要让影像画面有广告般的冲击力和震撼力,另一方面又要有散文化的结构来支撑整部作品,使其能在较短时间内传递饱和的信息量,并给观众带来强烈的审美感受。

国家形象宣传片是一种通过多种表现手法展现国家形象的艺术形式,它基于清晰的自我定位,从历史、政治、文化、经济、人文等方面提炼素材,通过代表性镜头和语言符号,运用剪辑和音效来增进视觉冲击力和感染力,达到树立国家形象、传达民族文化之目的。

当代中国多元且复杂,国家形象宣传片的艺术性和表现性再强,国家形象的塑造和民族文化的传播也不可能仅依靠它就足以实现,更何况广告本身就是一种持续性的行为,必须经年累月地投放和播出才会产生效果。国家形象宣传片播出的最大意义就是为常态性的形象公关摸石探路,是新时期探索国际传播新形式的一次有益尝试。2011 年在纽约时报广场上播放的中国形象宣传片是中国政府近年来第一次以国家公关的名义把镜头对准自己,运用电视广告的形式面向西方平民群体进行的国家形象宣传,无论是投入规模还是影响力都是空前的。这在某种程度上预示着中国的国际形象公关开始进入到一个新的发展时期——国家及国人形象,被提升至国家“软实力”重要组成部分的高度,进而形成政府倡导、社会参与的新格局。此后,无论是官方还是民间,无论是主流媒体还是新型媒体,都有从各个角度、各个层面来讲述中国故事、展现中国人形象的宣传片在境外播发,以生动的创意、鲜活的事例和通俗易懂的话语达到了良好的国际传播效果。

案例内容

2017年10月1日,一支由百余名留学生和海归拍摄的宣传片《中国是什么?》登上了纽约时代广场的大屏幕,为的是祝贺祖国生日快乐。这个视频是由微信公众号"北美留学生日报"拍摄的国庆宣传片,视频仅有123秒,阵容却史无前例地强大,既有人们熟悉的钢琴家郎朗、新东方联合创始人徐小平、网络红人马克叔,也有赴美留学的留学生、创业者、工程师,以及留学生日报北美OFFICE全体。此次视频拍摄走访了留学生及留学海归100余人,拍摄地遍布北京、纽约、加州、西雅图及美国中部。以下是视频的解说词:

中国是我们的根,风筝飘得再远,线不会断。

(高燕定——改革开放后首批旅美人之一)

中国是一曲美妙的乐章,黑白键之间是与世界的合奏。

(郎朗——钢琴家,1997年赴美留学)

中国充满着各种机遇和挑战,能让你的梦想,照进现实。

(徐小平——投资人,1995年赴美留学)

中国是我们亘古不变的味蕾,我在异国帮你找回远方的家乡味。

(周游——电商创业者,2007年赴美留学)

为远在异国的游子带来家乡的味道,是我们坚持的动力。

(林凯——中餐创业者,2008年赴美留学;邱田甜——中餐创业者,2009年赴美留学)

中国是以知识打破瓶颈,以拼搏铸造光荣。

(孙骥野——SUNT ISFY大数据应用公司,2010年赴美留学)

用指尖跳舞,用代码和数据改变世界,科技让生活更美好。

(杨毅——硅谷中国工程师,2013年赴美留学;刘鑫——硅谷中国工程师,2012年赴美留学)

中国是一片希望的原野,我们用青春灌溉祖国的土地。

(秦玥飞——2016年"感动中国"十大人物,2005年赴美留学)

实验室就是舞台,科学创造无限奇迹,我们就是中国。

(丁嘉元——科研一线的中国留学生,2014年赴美留学;李菁菁——科研一线的中国留学生,2010年赴美留学)

你不是一个人在战斗,挥洒的每一滴汗水都是为了胜利,这就是中国。

(孙禾丰——NCAA球员,2011年赴美留学)

就像身边的人注视着我们。

(英国报姐——内容创作者,英国留学)

逐梦蓝天问苍穹，为中国梦插上翅膀，助它启航。

（葛畅佳——小型飞机制造商，2012 年赴美留学）

在异国他乡的日子里，让你有一个坚强的后盾。这就是我们，我们就是中国。

（留学生日报——北美 OFFICE 全体）

中国是惊艳了世界的东方美，我用 T 台在异国将它描绘。

（Taory Wang——设计师，2014 年赴美创立女装品牌）

中国是多元与交融，我们善于倾听，我们创造交流。

（康奈尔北京峰会组委会——2016 年创立）

中国不仅是悠久历史的代名词，更有紧跟时代发展的速度与特色。

（马克叔——网络红人，2013 年赴美留学）

用严谨和滴水不漏创造无限利润，我们就是中国。

（四大投行中国 partner）

因为中国是你是我，我们就是中国。

（印第安纳大学中国学生学者联谊会——1990 年创立）

中国，中国，中国，中国（郎朗、徐小平、周游、孙骥野）

生日快乐（字幕）[①]

《中国是什么?》不同于之前在纽约时报广场播放的由官方制作并投放的中国宣传片，它是由微信公众号“北美留学生日报”自发拍摄并投放的。“北美留学生日报”是 CollegeDaily. Inc 旗下的面向中国在北美国家留学生的媒体品牌，它同时也是覆盖百万人的留学方面资讯平台、北美多所院校信息服务的提供商。该宣传片视频中的主角是百余名留学生及海归，他们来自各行各业，也都曾经或者正在美国留学；他们是自己所在领域的佼佼者，从钢琴家到投资人，从运动员到工程师，从创业者到日报的全体员工；他们都出现在视频中，讲述他们心目中的祖国。他们用视频的形式来为祖国庆生，从侧面也是对中国新面貌的展示和国家形象的宣传。

除了上述由民间自发拍摄的宣传片，我国政府曾于 2011 年 1 月在纽约时报广场的户外屏幕上投放过由官方制作的形象宣传片。宣传片以中国红为主色调，在短短 60 秒钟时间内，展示了包括邰丽华、吴宇森、宋祖英、刘欢、郎平、姚明、丁俊晖、袁隆平、吴敬琏、杨利伟等在内的，涵盖文艺、体育、商界、智库、模特、航天等各行各业的数十位杰出华人，以“智慧、美丽、勇敢、才能、财富”等诠释中国人形象。同时，浓缩为 30 秒的中国国家形象宣传片《人物篇》也通过美

① 参见微信公众号“北美留学生日报”：《十一这天，我们送 100 多位留学生登上时代广场大屏幕，为祖国庆生》。

国有线电视新闻网(CNN)的各个频道覆盖全球播放,随后的四周内,这则宣传片又在CNN各个频道播放了数百次。当时如此大规模、高频度投放中国国家形象宣传片,被视为中国官方高调推出的重大公关行动,也是以外国民众为对象的中国公共外交的具体动作。[①]

案例分析

一、精心制作国家形象片,塑造大国形象

随着综合实力的日益增强,中国融入全球化的程度越来越深,对全球政治、经济等方面的影响越来越大。而中国此前在塑造自身形象方面无论是政府还是民间做得都还不够。自北京奥运会以来,中国展示软实力的工作开始加强。而国家形象片广告就是展示国家软实力的一种有力方式。2011年的中国国家形象宣传片《人物篇》是一个时长30秒的电视宣传片,参与拍摄的都是在国内外具有影响力的人物,它以“中国人”的概念来打造中国形象,蕴意着一方水土养一方人,中国的大环境造就了中国的人才。这部宣传片特别突出中国人对世界的贡献和中国杰出人才对世界的影响力。这样摆列事实证据的方式来构建一种正面的、积极的中国国家形象,对增强我国在世界上的综合影响力起到了刺激和宣传作用。

在纽约时报广场播放的中国国家形象宣传片是我国在国家层面进行对外形象宣传的首次尝试,旨在塑造和提升中国繁荣发展、民主进步、文明开放、和平和谐的国家形象。从海外受访者的反馈看,这些信息在宣传片中得到了有效的传达:超过30%的受访者表示该宣传片给他们留下了“中国有很多人才”“中国发展得很好”“中国人很自信”的印象;超过80%的海外受访者表示能很好地记住这是关于中国的宣传片。

二、善用个人宣传片,展现普通人风貌

我国的国家形象宣传片已经开始逐渐摆脱以往宣传片中“高大全”的模式,开始关注个人,关注问题,关注中国发展的复杂性。正如宣传片总策划朱伟光所言,不用官员代表国家形象,是一个重要的进步。选择普通人有其自身的优势,美国《时代》杂志曾就把“中国工人”评为年度人物,理由是:“中国经济顺利实现‘保八’拉动世界经济,首先要归功于中国千千万万勤劳坚韧的普通工人,他们最有资格来代言当今中国。”可见,“草根”也是国外媒体和观众关注的重要

① 参见孙宇挺:《中国国家形象宣传片在美国时代广场大屏幕播出》,http://www.chinanews.com/gn/2011/01-18/2793165.shtml。

群体。无独有偶，在人民网所做的一个“你认为谁在国家形象宣传片中不可或缺”的调查中，有60%以上的人选择了默默无闻的普通中国人。美国在制作宣传片时较为擅长使用普通人。例如，2010年上海世博会美国馆的宣传短片内容是美国百姓向中国人民打招呼，其中出现的面孔全部都是普通人，而且看起来都像是随机采访的。所以，如何选择宣传片的人物是要根据实际情况而定，要考虑到人物的代表性和影响力，更要从投放国的受众心理出发来确定是选择名人还是选择普通人。①

国家形象宣传片，又被称为“国家公关”“一场声势浩大的公共外交”。实际上，公共外交的内容不仅如此。与传统外交相比，公共外交不再局限于政府与政府之间的外交关系，本国政府对外国民众、本国民众对外国民众都可以视为公共外交关系。“中国”不再仅仅是熊猫、长城和京剧，每一种渠道、每一个人都在向世界传递着国家形象。

相关链接及参考阅读

[1]纽约时代广场大屏幕上播放的中国宣传片：http://blog.sina.com.cn/s/blog_603f80aa0100p4jy.html。

[2]时代广场播放的中国国家形象宣传片完整版：http://tv.sohu.com/20110119/n278956503.shtml。

[3]王丹娜：《国家形象传播的动因与效果——从中国国家形象宣传片看国家形象的传播效应》，《现代传播》2012年第9期。

[4]汤天甜：《论中国国家形象宣传片的文化公关与价值输出》，《南京社会科学》2011年第3期。

[5]任孟山：《中国国家形象宣传片的国际传播学思考》，《国际传播》2015年第4期。

[6]檀有志：《公共外交中的国家形象建构——以中国国家形象宣传片为例》，《现代国际关系》2012年第3期。

[7]刘丹：《跨文化语境下的国家形象塑造与传播——以中国国家形象宣传片为例》，浙江大学硕士学位论文，2011年。

[8]程曼丽：《国际传播学教程》，北京大学出版社2016年版。

① 参见邱凌：《国家形象宣传片的跨文化传播策略》，《现代传播》2011年第12期。

案例3

综艺节目:原创动力,海外热销

案例背景

电视综艺节目,是一种充分运用独特的电视表现手法,如声光效果、时空的自由转换、独特的视觉造型等,并且广泛融合音乐、舞蹈、戏剧小品、曲艺、杂技、游戏、竞赛问答等艺术形式或非艺术形式为整体的电视节目形态,它能满足广大观众多方面的艺术审美的和消闲娱乐等需求。

近年来,我国电视综艺节目一直存在原创力不足、同质化竞争泛滥、观众审美疲劳等发展问题。一时间内,一个卫视的综艺节目走红之后,全国多个卫视纷纷效仿制作出类似的电视综艺节目。然而,这不仅是对社会文化资源的一种消耗和浪费,还会导致电视观众的关注和青睐丧失。在这种情况下,许多观众开始将自己的注意力转向国外制作的电视综艺节目。伴随着网络环境的改善,许多自愿找节目资源、做语言翻译的字幕组开始兴起,他们以各种途径获得国外的电视综艺,然后再对其进行翻译和压制并上传至国内网站。其中,表现最为突出的就是韩国电视综艺节目在我国民间的强势引进和自主传播。可以说,这种裹挟了韩流文化的电视综艺节目深深影响了青年乃至中年一代。于是,国内许多卫视又开始了向韩国电视台购买电视综艺节目版权的热潮,火爆全国的湖南卫视《爸爸去哪儿》就是其中的典型代表。但久而久之,高额版权费用使得很多卫视开始不愿意购买,以致出现了中国电视抄袭韩国节目之说。

事实上,电视综艺节目不仅是观众用于娱乐消遣的生活方式,在某种程度上来说,它还承担了国民教化的重要精神建设任务,也从侧面反映了一个国家文化发展的现状和水平。中国电视综艺节目的同质化竞争、抄袭国外节目等争论不断的情况下,国家及时调控和规范电视节目的播出,使得 2014 年成为国内电视原创节目迎来发展黄金期的起点。就在 2014 年举办的戛纳春季电视片交易会上，英国国际传媒集团ITV宣布：引进《中国好歌曲》版权，交由旗下发行部门ITVSGE代理。此举意味着中国电视综艺节目模式终于输出到欧美主流电视市场，也让中国观众看到了原创电视综艺节目输出的可能。对此，陕西师范大学高有祥认为，《中国好歌曲》成为中国首档输出海外的电视综艺，“势必能激励起国内更多电视人研发原创节目，此举对提高中国文化的国际影响力，将产生不可估量的深远意义”。①

总之，电视综艺节目的发展已经成为管窥一国精神文化生活面貌的窗口，应该鼓励更多原创电视综艺节目的开发、制作与输出，力求以一种自然的、娱乐的方式将中国电视节目所承载的中国传统文化习俗、中国人品质风骨等大国新时代风采传递给全世界的电视观众乃至人民，以此来提升我国的文化大国形象。

案例内容

电视同质化竞争的加剧和国家调控及规范电视节目播出，催生了2014年国内电视原创节目的高调逆袭，国内原创节目迎来了一个发展的黄金期。②

2014年的电视荧屏格外热闹，各大电视台纷纷在综艺节目上发力，全力打造精品节目。《出彩中国人》《中国好歌曲》《国色天香》《成语英雄》……一时间，原创节目大规模登陆电视荧屏。不仅如此，在2014年法国戛纳春季电视节上，《中国好歌曲》《我不是明星》《汉字英雄》《全能星战》等中国原创模式节目纷纷进行宣传推广。

从央视推出原创音乐真人秀《中国好歌曲》开始，“原创”这个词就开始在众多综艺节目中被反复提及。同为音乐选秀节目，因为其新颖的创意，《中国好歌曲》在收视和影响力上也超过了引自韩国的同类节目《我是歌手2》。从可行性上来看，《中国好歌曲》的大火证明了国内原创综艺并不是无人问津，只要想对了点子，占对了资源，原创综艺也可以完胜“外来和尚”。

原本近年持续升温的“模式引进热”引发了不少担忧。《中国好歌曲》宣传总监陆伟表示，真正有影响力的好模式快被买光了，“洋模式”后继乏力，中国电视需要考虑应对措施。而更大的隐患在于，对模式的跟风难免会加剧中国电视产业的惰性，消减原创动力和能力。面对“挑剩了”的国际电视模式市场，《中国好歌曲》制作方上海灿星文化传播有限公司决定做原创。第一季“年度好歌曲”《卷珠帘》新莺试啼，引得导师和观众潸然泪下，很大程度是因为这首歌表达出的中国文化

① 参见《中国综艺节目“出口”啦!》，http://ent.ifeng.com/HOT/yaowen/detail_2014_04/12/35709438_0.shtml。

② 本案例选自李韶辉：《电视综艺节目或迎“中国创造”时代》，2014年6月6日《中国改革报》。

兴味和东方美学意境,没有这种文化之“根深”,就没有创新之“叶茂”。

据了解,为了制作符合国际规范的“节目宝典”,灿星制作专门派出一个小组到国外有关公司学习模式制作。精心打造的《中国好歌曲》果然通过了观众的检验,至2014年3月首期收官,节目共覆盖4.8亿观众。还未播完,ITVSGE就已和灿星制作协商要购买该模式的代理权。

此外,在戛纳春季电视节上,由河南卫视与爱奇艺联合打造的大型汉字文化节目《汉字英雄》已确定将在海外发行。世熙传媒总裁刘熙晨表示:“这是中国真正意义上的第一档原创节目模式走向海外,这档节目是能给国际市场带去中国影响力的正能量节目。随着这一模式的推广,汉字这一传统文化也将跟着在海外受到关注。”而在戛纳电视节期间,法国赫夫·休伯特电视制作公司大赞原创节目《朗读者》,并表示有意购买该节目模式,在法国、瑞士、比利时等法语地区播放。

可喜的是,除了《汉字英雄》《朗读者》,越来越多的传统文化节目正试图走出国门。这些传统中国文化节目要打动的不仅仅是中国观众,走向海外、向全世界传播中国文化是它们更高一层的追求。《国色天香》制作人孙铁林说,《国色天香》作为中国首档原创明星戏曲真人秀节目,将与国际模式团队一起制作属于中国人自己的节目宝典:戏曲与流行歌曲结合,戏曲与国外歌曲结合,国外民族音乐与流行歌曲结合。“把这种‘古为今用’的节目模式输送到海外,让中国传统文化得到全世界的关注,真正让国粹‘添’香。”

其实,早在2013年就陆续有中国节目走出国门。例如,江苏卫视的《全能星战》在播出之前,就凭其新颖的节目模式吸引了海外同行的注意,国际知名节目模式公司Armoza(以色列)与其签约版权协约,《全能星战》因此成为首个输出的音乐类节目。又如江苏卫视的相亲节目《非诚勿扰》,甚至引起过一阵全球热,不仅先后在新加坡、韩国等多个国家播出,更有一些国家开始考虑引进《非诚勿扰》节目模式。2013年,津巴布韦国家电视台就曾制作非洲版《非诚勿扰》。

中国原创综艺之所以能越来越多地走出去,与国内综艺在国外备受追捧不无关系。在网络时代,网络传播的力量不容小觑。海外民间还有不少观众通过YouTuBe等网络平台收看中国综艺,有网友就曾讨论过海外民众对中国综艺的热忱。不仅是海外华人,不少外国人也加入到了追中国综艺的队伍中。

● 案例分析 ●

一、将自主研发节目当作常态

卫视节目要从“买版权”转向自主研发，已成为各大卫视的共识。深圳卫视成立创新节目研发部，形成节目创意、节目方案、制作样片、专家评估等创新节目研发生产机制；湖南卫视、江苏卫视形成每年两次向全台征集节目研发方案的常态机制；浙江卫视成立了战略发展中心模式研发部，并于 2014 年 1 月面向全国启动“百万征集创意”活动；央视、东方卫视等也纷纷放下身段，广撒英雄帖，悬赏好创意。与此同时，一些节目制作公司也加强了节目研发的步伐，这无疑给原创节目的持续发展提供了活水和保障。

二、立足中国文化做原创节目

虽然做原创很难，但中国电视人不应该放弃这种尝试，“中国创造”的文化产品应当有自己特有的文化空间。大型文化传承节目《中国成语大会》自播出起，话题延伸覆盖娱乐、综艺、文化和电视节目形态，受到广泛关注，掀起了一股追捧传统文化的热潮。这是央视继《中国汉字听写大会》之后，再次重点打造的以传统文化为题材的电视节目，体现了国家主流媒体对民族文化传承使命的责任担当。北京交通大学语言与传播学院副教授文卫华认为：“制作者必须认识到，综艺节目不仅具有娱乐休闲的功能，还应该自觉负担起应有的社会责任，注重公益性，弘扬主流价值观，传播社会正能量。”①令人欣喜的是，2014 年电视综艺节目显露出新气象，不仅包括形态方面的创新，也包括在价值引领和内涵呈现方面的提升。

三、“道趣结合”打造原创节目品牌

不过就整体情况来看，原创综艺还是存在着很大的短板，引进版的境外节目有着完备熟练的制作流程，对于受众市场、核心主题、选手包装，乃至舞美灯光和剪辑思路都有丰富的经验，而这些对小荷才露尖尖角的内地原创综艺来说，都是很大的挑战。这些节目所取得的高收视率与社会关注再次印证，一档优秀的综艺节目必定是神形兼备，将“载道”与“载趣”进行有机融合。

有业内人士指出，电视的核心竞争力在于原创节目品牌。2014 年，各家卫视纷纷增大研发原创节目的比重，传递了一个很好的信号。虽然目前国内一些卫视的综艺节目制作水准还很是不高，做好原创节目尚待时日，但是摒弃单纯

---

① 参见文卫华：《2014 电视综艺节目主打原创》，http://www.ce.cn/culture/gd/201405/26/t20140526_2874148.shtml。

模仿的方式，循序渐进地开始原创节目创新生产，才是中国电视节目发展繁荣的正道。其实，无论是原创还是改造，中国综艺节目还需要更多“更强大脑”，才能催发一批真正的中国好节目。

相关链接及参考阅读

[1]https://baike. baidu. com/item/%E7%94%B5%E8%A7%86%E7%BB%BC%E8%89%BA%E8%8A%82%E7%9B%AE/7873563? fr=aladdin。

[2]《中国综艺节目“出口”啦!》，http://ent. ifeng. com/HOT/yaowen/detail_2014_04/12/35709438_0. shtml。

[3]《李韶辉电视综艺节目或迎“中国创造”时代》，http://www. crd. net. cn/2014-06/06/content_11533163. htm。

[4]文卫华:《2014 电视综艺节目主打原创》，http://www. ce. cn/culture/gd/201405/26/t20140526_2874148. shtml。

案例4

纪录片:舌尖魅力,中国味道

案例背景

纪录片以真实和纪实作为重要特点,征服了不同文化背景的各地观众。纪录片文化上的"共通性"是指由于人类共同的本质特征及共同面临的生存环境等因素,使作品在文化上具有的相似性与共通性,它使纪录片有了在世界范围内进行交流和获得认同的可能。伴随今天跨文化交流的日益频繁,巧妙利用这种"共通性"正变得越来越重要。

"纪录片是讲好中国故事的最佳载体,是促进文化交流与沟通的有效途径。随着中国社会和经济的发展,越来越多的中国纪录片走向世界,在促进世界文明相互了解与沟通中体现了力量。"[①]不仅是电视台可能购买,以满足部分观众追求知识性、趣味性、探秘性的观赏需求,而且一些海外的教育机构和研究机构也可能购买,作为可参考、借鉴的生动鲜活、可视性强的历史资料节目收藏。

纪录片的题材有人文类、社会类、自然环保类等,这些都从不同侧面反映了一个国家的文化。纪录片的灵魂是真实,因此它在传递信息的过程中最准确、最能够打动人。尊重人、尊重被拍摄对象,对人所表现出的一种终极关怀,对人的生存环境提出思考,从这个意义上讲,纪录片是非常适合跨文化传播和国际传播的文化产品。

从1980年中国与日本联合拍摄纪录片《丝绸之路》开始,央视迈出了纪录片国际合作的第一步。此后30多年里,从80年代的《话说长江》《望长城》,一直到近年来的《故宫》《大国崛起》《公司的力量》《华尔街》等,愈发有影响力的中

① 孙海悦:《纪录片走出去:中国内容国际表达》,http://www.chinaxwcb.com/2015-12/09/content_330755.htm。

国纪录片越来越凸显出了国际化色彩。

随着中国在国际社会地位的提高，国际主流媒体对中国的社会现实也给予了更多的关注，“需要购买反映中国当代社会的主流群体生存状态的纪录片”。“我们对中国的纪录片很有兴趣，正在做一个项目，那里所有的纪录片都要来自中国。”来自德国、法国、波兰等多国的制作人与经销商都表达了同样的兴趣与合作意向。[①] 国际上非常看好中央电视台国际部制作的电视节目《西部自然》在海外的销售前景。纪录片的生产，不仅反映了一个国家电视媒体的社会责任感，更反映出一国对环境和民生的态度。

案例内容[②]

一年来，中国纪录片界频传利好消息：广电总局的“30 分钟”政策、《纪录中国》的落地开播、北京纪实和上海纪实频道即将上星……播出渠道的拓展加大了纪录片的市场需求，也彰显出“佳片”的巨大缺口。央视纪录频道总监刘文把“能否走出国门”看作衡量优秀纪录片的最大标准，只有那些代表中国社会文化生态、反映人类普世价值观的纪录片，才能同时拥抱国内和国际市场。换言之，衡量“佳片”的最大标准：进入国际市场。

前不久，国家新闻出版广电总局下发通知，规定 2014 年电视上星综合频道平均每天 6:00 至次日 1:00 之间，至少播出 30 分钟的国产纪录片；2013 年 11 月，中国纪录片联盟的纪录片联播网《纪录中国》栏目在 93 家地面频道播出；而北京纪实频道和上海纪实频道也即将上星……一系列的平台拓展动作，意味着中国纪录片的市场需求不断增大。此时，央视纪录频道总监刘文有一个担忧：“播出时段增加的同时，节目的质量是否过关？如果质量不过关的节目充斥在各个播出渠道，我担心会毁坏已经建立的观众认同感。”

那么，拍什么样的纪录片才能留住现有观众，争取潜在受众？央视纪录频道项目组制片人说：“一个好的选题或者提案，一定要回答好三个问题，就是：为什么要做？为什么现在做？为什么我做？实际上这三个问题指向不同的方向。“为什么要做”是要确立一个非常明确的主题；“为什么现在做”是解决当下和观众之间关联度的问题；“为什么我做”是指自己团队的优势、资源。”刘文直言，能够进入国际市场的纪录片才是纪录频道最需要的纪录片，“进入国际市场，传递国家的文化影响力，这个是我们立的最大标准。要么它能产生国际影响力，要

① 参见徐馨：《中国纪录片市场，出路何在?》，http://www.people.com.cn/GB/14677/40724/40725/3055561.html。

② 本节案例选自搜狐娱乐：《〈舌尖 2〉海外热卖纪录片出口文化故事是利器》，http://yule.sohu.com/20140513/n399486317.shtml。

么产生市场竞争力，如果这两点都不能产生，那一定不是我们需要的纪录片”。

2014 年法国戛纳电视节上，《舌尖上的中国》第二季大放异彩，未播先售，包括德国、法国、奥地利、意大利、澳大利亚、比利时、西班牙在内的 30 多个海外机构跟进购买，甚至出现了一个国家多个机构争夺的现象。“我们应该思考的是，为什么《舌尖》能够赢得海外市场的青睐？我想这与它特殊的题材以及它独有的表达分不开。”刘文觉得，这背后是全球各地对当代中国社会文化、环境变迁的巨大兴趣。美国纪录片大师、两次获得奥斯卡最佳纪录短片奖的马尔科姆·克拉克也认为，一部捕捉中国大众日常生活状态、具有中国代表性的纪录片，不仅吸引国内观众，在国际同样有广大市场。除了“中国文化”的金字招牌，本次中国纪录片制作联盟年会（2013～2014）上，还有导演提出“人与自然”等选题。武汉广播电视台导演陈为军认为，走向国际的纪录片的选题必须是跨越文化背景的好故事，（比如）生老病死、爱情、青春、孩子等是纪录片的永恒选题。英国电影学院奖和美国艾美奖双料获奖导演菲尔·阿格兰，在最新拍摄的《云与梦之间》中反映了中国的环境问题。“我们并没有把它分成几个部分，比如说环境污染、空气污染、水污染等等，而是更基本的，父子、爱人、儿童之间、母子之间那些人类共通的情感故事，以及爱恨情仇、自私贪婪等人性共通点。通过这些，我们思考自然在我们生活当中扮演着什么样的角色？我们的期待和欲望何在？我们有什么样的价值观？更重要的一点是我们给子孙后代留下了怎样的一个国度？这能让观众能够产生强烈的共鸣。”

在 2013 年中国（广州）国际纪录片节高峰论坛上，国家新闻出版广电总局国际合作司司长马黎透露，随着中国国际影响力的日益增强，海外受众越来越关注中国，越来越多的中国纪录片进入国际市场。马黎认为，中国纪录片在国际上的影响主要表现在三个方面。第一，一批精品纪录片的领头羊效应。比如纪录片《故宫》以 26 种语言销售到了 126 个国家，纪录片《舌尖上的中国》已经销售到了海外 20 多个国家和地区，创下了 4 万美元一集的记录。第二，中外合拍纪录片取得良好的社会效应和经济效应。新西兰自然历史公司与五洲传播公司拍的中国建筑奇观系列等纪录片都是以中国内容为内核。以国外观众喜欢的方式，客观真实地反映中国的自然历史、传统文化和社会经济发展，成为国际纪录片市场既卖座也叫好的作品。第三，民营纪录片制作公司的积极性日益增强。比如某一民营公司和中央合拍的《长城》以及该公司与外方合拍的《首部藏羚羊》也在国外创下了较高的收视率。总的来说，有越来越多的国产合拍纪录片走出国门。据不完全统计，2012 年全国纪录片出口约 173 万美元。[①]

---

① 参见《南方日报》:《中国纪录片〈舌尖上的中国〉海外每集售价 4 万美元》，http://news.sina.com.cn/o/2013-12-10/195528938765.shtml。

案例分析

一、精良制作的标准

中国的电视纪录片要想打入国际市场，不仅在创作理念上要和国际通行的模式寻求契合点，同时在具体的操作过程中也要不断和国际接轨，遵守共同的"游戏规则"。"舌尖"系列之所以在国外热销，重要原因是其制作精良。《舌尖1》是国内首次使用高清设备拍摄的大型美食类纪录片，剧组跨越国内60多个地区，分七篇讲述了千百年来中国人独特的饮食习惯。在2012年连播七天，收视率与网络点播率均超过了同档期的电视剧(最高收视率达到0.55%)，并成为当时人们茶余饭后讨论最热烈的话题。"舌尖"系列第二季比第一季高出30%的投资，《舌尖2》主创团队有30多名成员，分为8个摄制组，历时一年时间走访拍摄了150多个地点，以及部分海外拍摄地。拍摄过程中，摄制团队采用了全新的拍摄设备(包括高空、水下、红外、显微、窥镜等)，从多个角度呈现中华美食。[①] 正是其精美绝伦的画面、悠扬的配乐及生动的解说组合才成就了精品"舌尖"。

就目前来看，中国的电视纪录片要进入国际市场，需要达到一些基本的要求：如镜头的稳定性、构图的完整性、剪辑的节奏与主题、故事的关系等。其中，最重要的一点是解说词。电视纪录片应该向海外观众提供他们感兴趣的信息，解说词必须简洁、准确、信息量大，很多情况下还要富于戏剧感并充满激情。为此，创作者在拍摄时就要注意积累有关信息。海外市场比较通行长度为30分钟和1小时的电视节目，换言之，短小的片子更有利于打开国际市场。

二、国际化的叙述视角

综观国际上成功的历史文化类纪录片，其叙事视角无一不具有国际化特征。可以说，叙事视角国际化是历史文化纪录片走向世界的重要前提。近年来，许多走向世界的中国纪录片都强化了国际化的叙事策略。在具体层面上讲：一是不同方式的"开篇"，出现不同的收视效果。通常西方电视纪录片导演多以"直线思维"的方式，一般运用"开门见山""直切主题"的叙事方法，"主要人物的出场和矛盾的发生"都安排在电视节目开始的5分钟内出现，从而吸引了观众的收视兴趣。二是在故事发展的叙事过程中，主题要集中而不能分散，故事主线要清晰、连贯而不能混乱和中断，主线不能被副线代替，主要人物不能被众多的次要人物所混淆和淹没。

---

① 参见《美味背后的商业诱惑：30人制作〈舌尖2〉，收益上亿》，https://www.huxiu.com/article/32420/1.html。

例如，在《舌尖上的中国》叙事段落中，以主线为中心，进行素材梳理与逻辑分析，摆脱了传统时间、空间概念。在《自然的馈赠》这一集中，通过高原、山林、湖泊等不同地域景观构建故事的框架，并在这个框架下分别讲述了“卓玛采松茸”“老包的冬笋”“嘉鱼县采莲藕”等故事，这些故事经过精心梳理，衔接恰到好处，每3～5分钟便有一个兴奋点，高潮迭起，使观众在收视上始终保持强烈的好奇心。整体而言，一部纪录片想要获得成功，在开篇、中间主要段落以及结尾的讲述，都必须做到突出重点、主次清晰、整体风格统一协调。①

三、题材选择的丰富性

通常认为，纪录片要走向国际市场，不存在文化背景差异的自然风光和野生动物题材最容易打开销路，但人文历史题材同样存在契机。据悉，截至2006年底，《故宫》已被翻译成6种语言在100多个国家签约出售，发行超过15万套，创中国纪录片海外销售新高。而过去不被看好的平民题材同样开始走俏。法国纪录片编导凯瑟琳·雷默认为：“一些重要的跨文化交流的节目，应该是关于普通人生活的节目。这样的片子能够反映一个文化的独特性，不同文化之间的对比及他们之间的共性。”“民工流这种话题不仅是中国所有的，而且是全世界共同的话题。即使拿到法国放映，观众也会感兴趣并能理解。”②由此可见，纪录片的题材要丰富，要从多个角度反映我国的现实生活状况，因为这不仅是对我国的真实反映，也是外国人所关心的共同话题。

相关链接及参考阅读

[1]徐馨：《当代中国纪录片：在跌撞中探索》，http://www.people.com.cn/GB/14677/40724/40725/3055561.html。

[2]搜狐娱乐《〈舌尖2〉海外热卖 纪录片出口文化故事是利器》，http://yule.sohu.com/20140513/n399486317.shtml。

[3]南方日报《中国纪录片〈舌尖上的中国〉海外每集售价4万美元》，http://news.sina.com.cn/o/2013-12-10/195528938765.shtml。

[4]韩璟：《纪录片走出国门要会“说外语”》，http://xuewen.cnki.net/CCND-JFRB200706180111.html。

[5]毛峰：《中国文化传播的战略与策略》，《对外传播》2005年第11期。

[6]光明日报《来自世界汉学大会的视角：外国人怎么看中国》，http://club.kdnet.net/dispbbs.asp?id=1578624&boardid=1。

[7][美]蒲安迪：《中国叙事学》，北京大学出版社1996年版。

① 参见《〈舌尖上的中国〉故事化中的叙事方法》，http://lunwen.qcrx.cn/l/161161.htm。

② 参见韩璟：《纪录片走出国门要会“说外语”》，http://xuewen.cnki.net/CCND-JFRB200706180111.html。

[8]闻心:《抵御韩剧、美剧 中国电视剧再次冲击海外》,https://news. qq. com/a/20080929/001212. htm。

[9]余姝:《国产剧海外市场不乐观 业内人士指三大桎梏》,http://ido. 3mt. com/pc/200511/20051103241764. shtm。

[10]骆俊澎:《10 万美元一集〈李小龙传奇〉海外版权创天价》,https://star. pclady. com. cn/hot/0810/322841. html。

案例5

电视剧:宫廷大戏,登陆美国

案例背景

文化产品是民族文化及价值观念传播的重要介质,与物质产品出口相比,文化产品出口的意义更重大,影响更深远。其中,电视剧是与纪录片、电视新闻并称为“提升国际传播力的三驾马车”。

对于国外观众而言,电视剧以其强烈的故事性和戏剧性得以成为除电影之外了解他国文化的重要途径。对中国来说也是如此,诸如《三国演义》《水浒传》《西游记》《红楼梦》四大名著电视剧和古装戏《还珠格格》都成为华剧外销的代表作。《三国演义》厚重的历史感、《水浒传》中深刻的人性、《大明宫词》里诗化的意境,都是我们民族所珍视的艺术精神和审美传统,这些电视剧也成为国外民众了解中国文化和中国历史的一扇窗口。

在对中国文化民族性的传播中,历史剧是很好的表现形式。中国文化所特有的对历史“近乎宗教的”崇尚和迷恋,使得历史作为我们民族智慧和生命意义的表征,渗透于各个时代艺术的各种形式,总是最能唤起民族认同感,也最具民族艺术魅力。对海外观众而言,历史、功夫、古装无疑是中国电视剧走向世界的敲门砖。中国历史上一些杰出帝王将相的传记电视剧也曾风行港台和东南亚,《武则天》《康熙王朝》等作品都创下过当地的高收视率。

自20世纪80年代起,中国电视剧开始走向海外。30多年来虽然取得了较大的发展,但是在以美剧、韩剧为主导的国际市场中仍然处于弱势地位,竞争力不强。整体而言,中国电视剧的国际传播之路并不算顺利。中国电视剧国际传播最早、效果也最好的是东南亚地区。[1] 例如，90 年代的《还珠格格》等电视剧在东南亚地区广受欢迎，甚至有了不同国家翻拍的版本。

目前，我国作为世界上最大的电视剧制作和播出国家，电视剧进口与出口存在着 10∶1 的贸易逆差，中国电视剧在国际市场上所占份额还相当微小。[2] 在文化全球化的发展态势下，中国电视剧的国际传播不仅仅是由于受到韩剧、美剧的冲击而进行的被动应对，而是出于主动的意愿来展现国家软实力，传播中国梦，加强文化交流，扩大消费市场等。伴随着我国经济水平的不断提升、与世界各国贸易的频繁往来、国际关系的良好发展、中华文化影响力的逐步增强等多方面的机会和优势，当前加强中国电视剧的国际传播也是一个合适的时机。

案例内容

《甄嬛传》在中国大陆、中国香港、中国台湾甚至东南亚等地的热播，掀起了一阵“甄嬛热”。2013 年初，《甄嬛传》被韩国 CH-INGTV 引进播出，同时段超过国家台 KBS 的收视。2013 年 6 月，日本 BS 富士台将剧名改为《后宫争权女》后在日本首播，仅开播一周就迅速成为热门话题，打破了韩剧独霸日本海外剧市场的局面。

而 2013 年《甄嬛传》将登陆美国主流电视台的消息一经公布就在国内获得了更加广泛的关注。事实上，《甄嬛传》早已在美国中文台播出，并在美籍华人内部有着坚实的观众群体基础。此外，2013 年 10 月，孙俪凭借《后宫甄嬛传》入围第 41 届国际艾美奖最佳女主角提名，这无疑为《甄嬛传》进入美国电视剧市场宣传造势。

在 2015 年 3 月，精简为 6 集、每集 90 分钟的美国版《甄嬛传》，终于登陆了全球最大的在线影片租赁商——美国 Netflix 网站。刚播出时的评价并不理想，但在一段时间后，美版《甄嬛传》Netflix 上的评价突然飙升，不少美国网民在网站留言称，希望不久后能看到全部 76 集的完整版本。

当时，为了适应美国观众的口味，这部 76 集、每集 45 分钟的电视剧被重新剪辑，情节被飞速推进，一些高人气角色干脆消失了，皇帝的戏份也被大幅删减。该剧导演郑晓龙表示，把《甄嬛传》剪成这番面貌是为了照顾美国观众的理解能力。不过郑导演似乎多虑了，从 2011 年起，外国观众就能在视频网站 YouTube 和 ViKi 上找到配有英文字幕的 76 集《甄嬛传》。Viki 上该剧的英文字幕由粉丝自发制作，并被观众不断纠错，因此比 Netflix 的版本更贴近中文原意。

---

① 参见宗倩倩：《中国大陆电视剧在东南亚的传播研究——基于受众视角》，浙江大学硕士学位论文，2014 年。

② 参见赵晖：《论中国电视剧“走出去”策略》，《现代传播》2011 年第 7 期。

一名美国网民看过76集完整版后，在Reddit网站上写下感想："片中死了好多人，他们是玩真的。所有角色都在成长和改变，女主角在第一集和最后一集判若两人。"更精练的概括来自另一位留言者："这是中国女性版《权利的游戏》。"①

美版《甄嬛传》在美国的播出真正实现中国电视剧进入美国千家万户的愿景。《甄嬛传》走进美国之所以引发关注，是因为我国鲜有电视剧在脱离了儒家文化圈的环境中播出，尤其引进国美国还是强势的文化产品尤其是影视作品的出口国。未来，如何能进一步加快在国际上传播我国优秀电视剧的同时，传播我国优秀文化和价值观念，对中国文化"走出去"显得至关重要和迫切。

案例分析

长期以来，中国电视剧在国外的受关注度和影响力远没有韩剧和美剧那般广泛。即便是受《甄嬛传》的影响，国外掀起了一股"中国电视剧热"，却也未能形成持续强劲的浪潮。国产剧在欧美等发达国家的发行普遍滞后，卖出去也多落地于当地的华语电视台，还没有进入欧美国家的主流电视媒体，这其中文化差异是一个主要原因。中国文化有着几千年的历史积淀，意识形态从古至今深受儒家思想影响。而历史背景的贯通梳理问题、思维方式的差异问题也都是中国电视剧作品在境外遇冷的基本原因。中国文化产品"走出去"的成功经验还有所欠缺。类似《甄嬛传》进入美国主流电视剧市场的个案并不多，中国电视剧的国际传播，需要有更多的探索。以美版《甄嬛传》为借鉴，中国电视剧的海外传播可以通过以下几个方面来提高出口量：

一、提升电视剧品质

不管在哪个市场，制作精良、场面宏大同时具有深刻底蕴的历史正剧都是"抢手货"。总体而言，与中国进口的国外电视剧相比，出口的国产剧总体价格仍然偏低。原因之一是制作电视剧的投资少，其二与国产剧出品方的市场战略有关。目前，国产剧市场主要还是瞄准港、澳、台地区和东南亚国家。在这种情况下，不仅电视剧的质量无法达到高标准，而且出口的目标市场容量有限，自然无法取得较高的发行效益。

二、丰富电视剧题材

国产剧可供海外片商选择的剧种太少，古装戏占了出口的很大一部分，这也限制了国产剧在海外的销售。跟其他国家的电视剧比较起来，内地的现代剧

---

① 参见高原：《浅析中国电视剧的跨文化传播—以〈甄嬛传〉进军美国市场为例》，《传媒国际评论》2014年第11期。

确实不占优势。一方面,太“深刻”的现代戏受到文化差异的影响,海外观众理解起来有难度;另一方面,文化门槛太低的都市偶像剧,制作质量又让人不敢恭维。而美国海外市场和美国国内电视节目重播的收入相当,也只比国内票房收入总额低20亿美元。并且近年来美国电视剧正以越来越考究的艺术品位和奔放的自由创意,区别于日趋僵化的好莱坞。法国《电影手册》甚至敏感地认为,在工业化的影视制造领域,美国电视剧的成就已经超越了好莱坞的大多数电影。因此,美剧的成功对中国连续剧的启示是不言而喻的。

三、借助知名公众人物

以公众人物为原型的电视题材,是对文化进行国际传播的一种有效途径。培养、造就和利用具有国际影响力的本土公众人物,使之承载中国元素、观念和文化,能够实现国家形象表达的人格化。我们需要更多的姚明、成龙和李连杰,要有更多来自中国的全球性艺术家、大学者和文化名人。他们的杰出成就、人格力量和精神气质,最容易为海外公众感知。正如当年英国派驻印度的殖民官员所说,英国宁愿失去印度,也不愿失去莎士比亚。从古到今,中国在世界范围内有影响力的人物,历史上有孔子、孟子、孙膑等,文学领域里有李白、杜甫等,近代史上也有很多可以挖掘的公众人物。

相关链接及参考阅读

[1]美版《甄嬛传》,http://baike,baidu. com/甄嬛传/13849516? fr=aladdin。

[2]高原:《浅析中国电视剧的跨文化传播——以《甄嬛传》进军美国市场为例》,《传媒国际评论》2014年第1期。

[3]王秋硕:《中国电视剧国际传播策略浅析》,《传媒》2014年第18期。

[4]闫成胜:《电视对外传播的本土化策略初探——以〈媳妇的美好时代〉在非洲传播为例》,《对外传播》2013年第10期。

[5]宗倩倩:《中国大陆电视剧在东南亚的传播研究——基于受众视角》,浙江大学硕士学位论文2014年。

[6]赵晖论:《论中国电视剧“走出去”策略》,《现代传播》2011年第7期。

案例 6

电影:摆脱窠臼,穿透现实

案例背景

电影是文化传播的载体。在一部电影中,往往融合了雕塑、绘画、音乐、建筑、诗歌等多种文化元素,并通过这些元素将观念、思想、价值观等潜移默化地传递给国外受众。换言之,每个国家的电影都是其价值观念、社会习俗、城市风貌等方面的反映和展示。海外观众可以通过一个电影来塑造出与其相匹配的文化形象,这种文化形象不仅表现着一个国家的社会发展程度、民风特征,也反映着该国电影自身的文化偏好和倾向。因此,依托电影对塑造一个国家真实正面的文化形象,对提高国家美誉度、增强国家的软实力、营造良好的国际舆论环境都有着重大的意义。

当下,我国经济社会高速发展,提高文化软实力已经迫在眉睫,中国文化不仅是中华民族凝聚力和创造力的源泉,也越来越成为综合国力竞争的重要因素,以电影为载体的中国文化的传播被提高到前所未有的战略位置。有学者从受众角度调查发现,近年来随着海外受众对中国电影观影率的提升,受访者对中国的社会秩序和家国情怀的认知程度有所提高。[①] 因此,加强中国获奖电影的海外传播,对中国的国家形象和文化形象的塑造是有重要影响的。

中国电影的国际传播之路始于 20 世纪 30 年代。1935 年,电影《渔光曲》在莫斯科国际电影节上获奖,成为中国有史以来第一个获得国际奖的电影。后来直到 20 世纪 80 年代,中国对内改革、对外开放,使电影界逐步挣脱了意识形态

① 参见黄会林、李雅琪、马琛、杨卓凡:《中国电影在周边国家的传播现状与文化形象构建——2016 年度中国电影国际传播调研报告》,《现代传播》2017 年第 1 期。

的羁绊,开始致力于电影艺术的自主表达。这一时期,以张艺谋、陈凯歌、冯小刚为代表的第五代导演开始展露头角,成为新一代电影的接班人。1988 年,张艺谋导演的电影《红高粱》在柏林电影节上一举夺得大奖,成为改革开放后中国电影走上世界舞台的开路先锋。之后的《大红灯笼高高挂》《晚钟》《霸王别姬》《阳光灿烂的日子》等电影也纷纷在世界电影节上获奖,中国电影在国际影坛上异军突起,大放异彩,成为世界影坛不可缺少的一部分。

案例内容

《山河故人》是由贾樟柯编剧并执导的一部现实题材电影,于 2015 年 10 月 30 日在全国公映。该片讲述了汾阳姑娘沈涛一家三代人从 1999～2025 年情感、时代变化的故事。2015 年,该片入围第 68 届戛纳电影节主竞赛单元金棕榈奖、第 52 届台湾电影金马奖最佳剧情片等奖项,并获得第 63 届圣塞巴斯蒂安国际电影节公众大奖。

除了《山河故人》外,贾樟柯的主要作品还有《小武》《站台》《东》《三峡好人》《无用》《二十四城记》《海上传奇》《天注定》等。1998 年,其处女作《小武》获柏林电影节青年论坛大奖。随后,《站台》获威尼斯电影节最佳亚洲电影奖,并入选多伦多电影节“新世纪十年最佳电影”。2006 年,《三峡好人》获第 63 届威尼斯电影节最佳影片金狮奖、洛杉矶影评协会最佳外语片及最佳摄影奖,还入选釜山电影节“史上十佳亚洲电影”。2013 年,《天注定》获第 66 届戛纳电影节最佳编剧奖。20 年来,贾樟柯的电影作品多次斩获国际大奖,广受好评,越来越多的海外观众通过他的电影了解现实中的中国。

当中国电影集体向好莱坞投降,沉沦于虚无缥缈的非现实主义题材的时候,贾樟柯对中国现实社会表现出的强烈的人文关怀显得尤为可贵。[①] 从《小武》发端,到好评如潮的《三峡好人》,贾樟柯的影像世界正在逐步成为海外观众理解中国的一种特殊方式,亦在重新诠释中国电影的现实主义。与曾经流行的批判现实主义相比,贾樟柯的叙事更为沉静和不张扬,他从不作单纯的道德判断,而是通过个性鲜明的纪实性风格一一拓展。与现代虚无主义相比,贾樟柯更是从不故弄玄虚而是专注于历史变迁中的细节,并在冷酷的现实中保持着一种温暖的基调。[②]

如何切入现实对很多导演来说困难重重,而对贾樟柯却举重若轻,这来源

① 参见《21 世纪 25 部最佳电影!贾樟柯导演的电影高居第四》,http://k.sina.com.cn/article_6380194456_17c4a0a98001001b2p.html。

② 参见《贾樟柯:在剧变的时代做“不变”的自己——导演拍好片,匠人造好车》,http://www.myzaker.com/article/58407ec57f780b74760011f4/。

于其独特的视角和敏感的心态。他总是能找到自己的方式重构历史的记忆:《小武》中冷静的镜头从纷繁复杂的变迁中重塑了一代人的感觉;《世界》则在更大规模上表现了中国的变迁;《三峡好人》不但展示出广阔的社会变迁图景,而且虚构性被置于纪实性的叙述之中。贾樟柯的电影有自己的世界,并且以自己的方式思考着这个世界变迁的意义。

因此,如果把贾樟柯置于更宏大的历史坐标中考量,他掀起的巨大波澜,甚至已经不是几部电影所能概括的。隔了 10 年回头去看,贾樟柯影像的文本意义恰恰是对正在经历激烈的全球化变迁的古老中国的一段惊心动魄的记录和写实。他在时代大背景下以关怀的姿态描述了中国现实生活中家长里短、琐碎细腻的那些平凡生命的故事。也正如他自己所说:"我想用电影去关心普通人,首先要尊重世俗生活。在缓慢的时光流程中,感觉每个平淡的生命的喜悦或沉重。"

贾樟柯,一个来自中国基层的民间导演,始终追求影像"对现实表象的穿透力"。他特立独行、自由不羁,用镜头语言去描绘社会转型时代普通人所要承受的代价和命运发生的转变。他直言不讳、发人深省,批评当代中国电影缺乏对真实生命的关注——第四代执著于伦理道德,第五代迷恋于历史寓言,第六代在都市摇滚里陶醉。这其实也是中国当代电视为何对国际受众缺乏吸引力的根本原因所在。

当代中国电影所承担的传播中国文化、塑造国家形象的使命在全球化进一步纵深发展的今天显得更加迫切。用电影作品讲好中国故事,需要扎根中国社会本身,回归对中国人生活的关注,抛却那些盲目跟风的模仿痕迹,在本土思维中杀出一条原创之路。同时,挖掘和培养新生代的"贾樟柯",鼓励他们积极参与电影作品的创作和国际市场的影像为中国发声。

• 案例分析 •

一、中国电影"走出去"的发展现状

电影是国家文化软实力的体现之一,承载着国家形象、价值观念、精神信仰和文化习俗等元素。现在,逐渐有一些国产影片在能够做到国内与北美市场同步发行,国产影片海外市场的票房收入也在逐年上升。在中国电影几十年来"走出去"的历程中,从内容、产品、人才,进而到资本全方位的输出,应该说取得了一定的成绩。在上世纪八九十年代,以张艺谋、陈凯歌等为代表的第五代中国电影导演,以充分展示中国本土文化的文艺电影《红高粱》《霸王别姬》等频繁获得国际 A 类电影节大奖,随后的第六代导演娄烨、贾樟柯等也按图索骥。那

个时期中国艺术电影普遍受到西方社会的关注，甚至贾樟柯等第六代导演的电影投资中有相当一部分来自欧洲，而他们的电影也基本放弃国内市场，更多侧重海外市场。

自上世纪 90 年代到 2010 年这段时期，中国电影几乎年年都入围金棕榈，顶多是相隔一年。而 2010 年之后，连续 2 年零入围的情况已经有两次，分别是 2011、2012 年和 2016、2017 年。一个国家的电影成就非但没有因为市场的繁荣而提升，反而还下降得越来越快。近 10 年来，中国电影进入高速发展的“黄金年代”，包括好莱坞在内的国际影视公司也越发看重中国市场，国际电影市场对中国题材、元素的兴趣不断升温。但资本投入不代表文化输出，不代表中国电影全方位地走出去，中国电影公司不能仅仅充当外国电影的“银行”。从市场影响力看，中国商业电影海外市场空间还非常有限；从艺术影响力看，近几年中国电影在世界主要电影节上均缺乏令人惊喜的表现，2016 年的戛纳电影节上竟出现华语电影零存在的尴尬局面。

二、中国电影国际影响力有限的原因

总体而言，中国电影国际影响力的提升并未与中国电影产业的高速发展同步，主要有以下几个原因 ：首先，很多中国主流商业电影在其主题的表达方式上缺乏国际普遍性，并且对海外受众心理和外国文化缺乏深入的了解，以至外国观众对除了“功夫”类型之外的其他中国电影兴趣不高，所以难以进一步向国外推广。两部曾经在亚洲地区均取得高票房的《赤壁》和《投名状》败走西方主流电影市场便是此类问题的典型例证。其次，本土电影专业人才匮乏，特别缺少能够充分了解国际电影合作与制作的人才。近年来，越来越多的华裔导演活跃在好莱坞，但像李安这样精通东西方文化的专业电影人才少之又少。再次，中国电影质量仍待提高，高品质的电影数量较少，有智慧的原创作品匮乏。故事讲得不够好、技术和艺术水平不够高、制作不够精良，仍是国产电影普遍存在的问题。曾经靠“中国功夫”吸引西方观众的武侠大片现如今已魅力不再，其他题材大都因创意、制作水平较低又远远缺乏竞争力。最后，中国电影海外发行推广还暴露出诸多技术性问题，表现为中国电影的海外自主商业渠道还很滞后，国际商业运营能力也不强。具体来说，推广模式不成熟，推广渠道单一、陈旧，推广的专业化水平低，已经成为制约中国电影被国际社会广泛知晓的瓶颈。

三、提升中国电影国际影响力的建议

如今，中国的电影市场已经是世界第二大电影市场。据预测，它将很快超过表现平平的北美市场。而除此之外，如何保持中国电影在国际上较高能见度和曝光率，从而借此扩大国家的影响力、展示软实力，是当下中国电影业面临的重大课题。对此，要在有效利用国际市场资本输出的同时，重视学习和借鉴国际上的有益经验，提升中国电影的整体质量，才能将中国文化更好地向世界传播。

无论是从目前中国文化的国际传播状况出发，还是立足于中国文化今后长远的发展策略，以电影为载体进行国际传播都是中国文化"走出去"的有效选择。内地电影作为中国电影的主要组成部分，近年来在中国文化的表达上趋向于单一和保守。过去，对民俗、武侠等类型电影的过度青睐和对西方电影欣赏口味的过度迎合，也使中国文化形象在对外传播过程中出现了偏差。这说明内地电影在传播中国文化时思考不足，并未形成一种整体的意识和战略，因此这也是中国电影在当下需要解决的问题。①

相关链接及参考阅读

[1]黄会林、李雅琪、马琛、杨卓凡：《中国电影在周边国家的传播现状与文化形象构建——2016年度中国电影国际传播调研报告》，《现代传播(中国传媒大学学报)》2017年第1期。

[2]石嵩：《中国电影走出去的文化困境——谈〈滚蛋吧！肿瘤君〉冲击奥斯卡》，《艺术评论》2016年第3期。

[3]金海娜：《中国电影走出去的雏形：中国无声电影外译模式探析》，《现代传播》2017年第8期。

[4]胡洁：《中国电影走出去——以柏林电影节中国获奖作品为例》，《剑南文学(上半月)》2014年第10期。

[5]邱燕妮：《从文化折扣角度看中国电影"走出去"的产品策略》，《中国经贸导刊》2012年第8期。

[6]田萱：《新的媒介环境下中国电影"走出去"之路》，《电影文学》2012年第19期。

① 参见柏榕榕：《中国电影走出去的困境与机遇》，http://www.chinawriter.com.cn/news/2016/2016-06-17/274499.html。

案例 7

文学作品:跨越中西,译者为先

案例背景

中华文化走出去,文学应当先行,如果一国之文学不能以经典的姿态让世界承认,一国之艺术的魅力就无法让不同国家与民族的人真正接受与承认。中国作协主席铁凝曾经讲道:“每一个作家的写作,都有隐含的和预设的读者,在过去,这个读者基本上是不言而喻的,他就是中国人,但现在,作家们会意识到,一个欧洲的青年或老人也会读到他正在写的这本书,而且这个读者止是从这书里认识中国。随着中国走向世界,中国的文学也在走向世界。这种全球化语境中的写作,给中国作家提供了更广阔的可能性,当然,中国作家也比以往任何时候都更直接地意识到,他对于我们的国家、我们的民族承担的文化责任。”[①]

近年来,从严肃到通俗,从成人到儿童,从现实到科幻……中国文学之花在海外次第盛开。短短几年光景,中国作家频频走上世界文坛的最高领奖台,打入欧美主流文学市场。从 2012 年莫言捧回诺贝尔文学奖,到 2015 年刘慈欣凭借科幻小说《三体》擒获世界科幻文坛最高荣誉雨果奖,再到 2016 年曹文轩摘得儿童文学的“诺贝尔奖”——国际安徒生奖的桂冠……一个又一个中国人,在国际文坛实现“零的突破”,成为多个全球权威文学奖项的中国第一人。

中国作家在世界文坛频频拿奖,在某种程度上大大提高了中国文学的“国际能见度”,吸引了更多国际目光,让世界看到更多优秀的中国文学作品。麦家的作品《解密》英译本就是一个例证。2014 年,《解密》英译本在美、英等 21 个英语国家一经推出,便创下中国当代文学作品英文翻译销售纪录,并快速闯入西

① 参见郝雨:《中国中文学在文化走出去战略中的核心地位和意义》,http://lit.cssn.cn/wx/wx_whsd/201702/t20170218_3420103.shtml。

方主流媒体的视野。而在素有"欧洲首都"之称的布鲁塞尔，余华的《活着》《兄弟》《许三观卖血记》曾被摆上市中心书店的显眼位置，其中《活着》还被拍成话剧，在德国的汉堡塔利亚剧院和柏林德意志剧院上演。诺贝尔文学奖获得者、法国文坛领军人物克莱齐奥认为，近年来，随着中国国力的增强，中国文学在世界上占据越来越重要的地位。法国第三大出版社伽利马出版社社长安托万·伽利马近日接受新华社记者采访时说："中国文学正在重新觉醒，这是一种更加年轻的文学。"①

趁着中国文学在世界文坛大放异彩的这股春风，加速中国优秀文学作品的翻译和海外推广对中国文化"走出去"有着重大意义。一方面，要培养精通中国文化同时又熟练掌握外语的翻译人才，助力中国文学海外传播。另一方面，也要积极拓展中国文学作品在世界舞台曝光的渠道，为中国文学的"面世"增加机会。

案例内容②

2016 年 8 月 21 日，第 74 届雨果奖颁奖典礼在美国堪萨斯城举行。继 2015 年刘慈欣的《三体》之后，中国"80 后"科幻作家郝景芳凭借《北京折叠》再获世界科幻文学界最高奖项——雨果奖。难得的是，在中短篇小说的竞选单元，《北京折叠》力压斯蒂芬·金的《讣告》摘得桂冠。2012 年，郝景芳花 3 天时间写完《北京折叠》，发在了清华水木 BBS 上。据《人物》杂志的报道，科幻作家宝树就是在那里第一次看到这个故事。宝树记得，这篇科幻小说有点特别，"太空未来、宇宙冒险、打怪升级这些浪漫色彩的它全没有"，郝景芳笔下的北京城，除了能"像变形金刚一样折起来"，"几乎就是一个现实主义"。

而把《北京折叠》译成英文的正是《三体》的译者刘宇昆，美国华裔科幻作家，也是软件工程师和职业律师。《三体》获奖引发的科幻小说世界风暴背后，就是这位身兼译者、作者和跨文化传播者的刘宇昆。

一位日本科幻作家甚至非常嫉妒地说：日本科幻作品在世界上没有中国科幻作品影响力大，并不是因为我们写得不好，主要是因为，我们没有刘宇昆！日本科幻作家的嫉妒不是没有道理的，正是因为有了刘宇昆这样通晓中文和英文，并且热爱中国科幻文学的作者和译文，才使得中国科幻文学得以走向世界，并且获得多个世界级奖项。

---

① 参见《从莫言到曹文轩——中国文学走向世界》. https://baijiahao.baidu.com/s?id=1554962593274061。

② 本案例选自《〈三体〉译者刘宇昆：翻译是场美丽跨界》，http://news.163.com/15/0902/06/B2G4EIHJ00014AED.html。

可是，刘宇昆自称是美国唯一的中国科幻译者，是不是有点太夸张了呢？同时会中文和英文的人很多，为什么只有他能成为如此优秀的中国科幻作品译者呢？当然，除了刘宇昆自身的英美文学专业功底和科幻小说作者身份之外，更重要的，还有他在翻译每一部作品时的用心。

刘宇昆翻译的第一篇中国科幻小说作品，是科幻作家陈楸帆的《丽江的鱼儿们》(*The Fish of Lijiang*)。作者是刘宇昆的好朋友，本来是帮朋友的忙，刘宇昆完成了这个翻译。出乎他意料的是，这篇帮忙之作，居然入围了奇幻翻译文学奖的决选名单。这给了刘宇昆很大鼓励，他就这样，机缘巧合进入了科幻文学翻译这个事业。

后来，刘宇昆读了刘慈欣的《三体》，觉得非常好。尽管这部书在中国科幻文学界是一部里程碑式的作品，但是限于语言，外国人几乎对它毫不了解。刘宇昆决定，把《三体》翻译成英文。翻译科幻小说，并不只是会两种语言就可以上手那么简单，因为科幻小说里有大量的物理学、化学、天文学、数学等专业知识和术语，为了翻译好《三体》，刘宇昆看了大量的论文，甚至拜访了多位物理学家，请他们解释专业问题，他甚至把在哈佛大学时学的数学公式也翻出来复习了一遍，最后没办法实在不懂，就只好向刘慈欣本人请教交流。刘宇昆说，翻译《三体》，他只想做到一点，“避免他在外国人面前，显得笨”。

与其他美籍华裔不太一样，刘宇昆对中国古典文学有很深入的了解。“喜欢经典武侠，熟读金庸小说，又对当下中国动态了然于胸。与他聊天，感觉他就是一个中国通！”夏笳这样评价刘宇昆。

谈到翻译，刘宇昆有一套自己的理论：翻译别人的作品就像照顾别人家的孩子一样，责任重大。“翻译就是将用一种语言书写的作品打碎，穿越大海重洋，送到另一种语言里重组。但有时两种语言之间的差别，比横亘在中美之间的太平洋还要大，这也是翻译最为困难的地方。”刘宇昆说。中文和英文语言结构以及文化上的差异对他而言并非难题。《三体》的翻译中，故事开头的情景设定在“文革”，怎样能让对中国历史没有充分了解的英美读者更好地理解情节？刘宇昆的解决办法有点土，但很有效：作注脚。“我以尽可能少的注脚给英美读者提供便于理解文本的历史知识，”刘宇昆说。但更微妙的问题往往涉及修辞手法和叙事技巧，“我首先想到的是调整叙述技巧，尝试以美国读者熟悉的方式讲故事。”例如，在翻译夏笳的小说《百鬼夜游行》时，刘宇昆将中国传统二十四节气意译成英语读者可以接受的短语(如惊蛰译为 Awakening of Insects)，而非直接用拼音 jīngzhé。

刘宇昆说，过分追求字对字的翻译无益于对原文的忠实，生硬的表达甚至可能对原文涵义造成曲解，适得其反。从某种意义上说，翻译比创作更艰难。

作为译者，他秉承的原则是“忠实原文”，用他自己的话说是：“尽可能将原文的意思完整地表达出来，不做过多的雕琢但也不遗漏重要的东西。”有时，刘宇昆也会特意保留原文的痕迹，制造出一种“陌生化”的效果，例如将成语“投鼠忌器”直译成“do not throw a shoe at a mouse sitting beside an expensive vase(不向金贵花瓶旁边的老鼠扔鞋子)”，而未将成语的潜在含义翻译出来，他觉得这样能增强读者在阅读时的好奇感。“一流的译者应该做到信、达、雅的平衡”，他表示，最好的英文翻译并不非得是“这文章好像原本就是用英语写成的一样”，而可以是一种全新的排列组合，让读者窥见另一种文化的人们思考问题的方式，感受另一种语言的节奏和韵律，如同跟一个新朋友见面握手一般。

他做到了，不仅没有让刘慈欣及其他中国科幻作家和作品在国际性舞台亮相时丢脸，并且通过翻译为中国科幻扩大了影响力。刘慈欣的《三体》借助刘宇昆的译文获得雨果奖之后，大刘(刘慈欣)在获奖典礼上赞美小刘(刘宇昆)说：“翻译作品总是在跨越两个不同的文化和时空。就这本书而言，这座桥梁就是刘宇昆。他的译文非常好，几近完美。”①

• 案例分析 •

我国引进的图书普遍具有自身民族性及全球化视野，所传递的情感也在国人心中能找到共鸣。同理，“走出去”的中国文化也应该能够从内容、情感和审美层面征服西方读者。现在，我们的文化“走出去”处于被动状态，因此我们应创造条件主动“走出去”。鲁迅曾说，他们不来拿，我们就送过去，季羡林也曾说，我们要采取“送去主义”。因此，选择何种译介内容、如何有效推动中国文化“走出去”，是我国文化传播的重要课题。②

一、重视翻译在中国文学“走出去”中的关键作用

翻译，即语言符号的转换，在文学作品海外传播中十分重要。按照符号学的解释，语言符号是人类最基本的符号系统，人类的信息交流活动主要是借助语言完成的。而在借助大众媒体进行的传播活动中，语言符号更是须臾不可缺少。维特根斯坦说：“我的语言的边界就是我的世界的边界。”如果想突破这个边界，除了个人尽可能地习得多种语言之外，我们多数情况还需要借助“造桥者”——翻译人员。翻译是跨语言、跨文化的交流，作为翻译主体的译者，其文化意识往往会影响跨文化传播，因此译者在具备优异的“双语能力”的同时，也

---

① 《〈三体〉译者刘宇昆：翻译是场美丽跨界》，http://news.163.com/15/0902/06/B2G4EIHJ00014AED.html。

② 参见赵永湘、张冬梅：《传播学视域下中国文化“走出去”译介模式探索——以〈浮生六记〉英译为例》，《湖南工业大学学报(社会科学版)》2017年第3期。

应有较强的文化意识和精通两种文化的"双文化能力"。①

以中国网络玄幻小说的翻译为例,其翻译主体基本上是一批对中国文化(尤其是武侠文化)感兴趣和崇拜金庸、古龙等作家的英文母语人士。他们自发地将中国的武侠小说翻译成英文,以便让更多的西方读者看到。这些翻译者大多比较年轻,来自北美和亚洲其他国家的大概有几百人,现在比较稳定的翻译者差不多有百人。② 这个群体既有外籍华裔,也有非华裔的外籍人士。外籍华裔本身跨骑两种文化,既熟悉中国文化又精通英语,本身具备了一定的双文化能力,因此他们在翻译时更具备优势。

二、中国文学"走出去"的挑战与建议

归根结底,中国文学"走出去"是主观上要走出去,而在另一方面又必须得到对方的接受和认可。如果没有对方的接受,而且是真心实意地欣赏与赞美,文学走出去就只能是一句空话。那么,我们的文学要真正实现走出去,更重要的还是要注重研究我们文学的可接受性问题。如今看来,我们首先面临的就是两个方面的最大障碍,一是西方文学的强势尤其是美国文学的强势,二是新媒体的碎片化、低俗化阅读的问题。为了能够更好地应对这样的挑战,应该在以下几个方面下功夫:一是打造精品文学译介作品。"批阅十载,增删五次","吟安一个字,捻断数茎须",这样的精打细磨被碎片化、功利化生产消磨得一干二净,但当我们面对国际市场的时候,精品意识还是至关重要的。二是规模传播中国文学作品。中国文学走出去,绝不是只求一时利益的零零散散的作品推广,也不能只靠单枪匹马、单兵作战,要有总体规划和运筹,如"走向世界的中国作家"这样的文库集成类出版运作是非常值得采用和提倡的。三是借助新媒体,全方位覆盖。中国文学走向世界一方面要坚持用传统的方式打造文学精品,另一方面,要积极利用互联网思维,大力推进立体化传播。③ 我国文学作品是我国文化软实力的重要体现,文学作品"走出去"的力度对中国文化国际传播的效果有着重要影响,因此我们要更加重视中国文学作品的海外传播工作。

相关链接及参考阅读

[1]柏榕榕:《中国电影走出去的困境与机遇》,http://www.chinawriter.com.cn/news/2016/2016－06－17/274499.html。

① 参见刘明东、何晓斓:《翻译对跨文化传播的影响》,《外语学刊》2011 年第 2 期。

② 参见路艳霞:《追看玄幻仙侠,老外也痴迷》,2016 年 12 月 26 日《北京日报》。

③ 参见郝雨:《中国中文学在文化走出去战略中的核心地位和意义》,http://lit.cssn.cn/wx/wx_whsd/201702/t20170218_3420103.shtml。

[2]郝雨:《中国中文学在文化走出去战略中的核心地位和意义》,http://lit.cssn.cn/wx/wx_whsd/201702/t20170218_3420103.shtml。

[3]《从莫言到曹文轩——中国文学走向世界》,https://baijiahao.baidu.com/s?id=1554962593274061。

[4]《〈三体〉译者刘宇昆:翻译是场美丽跨界》,http://news.163.com/15/0902/06/B2G4EIHJ00014AED.html。

[5]赵永湘、张冬梅:《传播学视域下中国文化"走出去"译介模式探索》,《湖南工业大学学报(社会科学版)》2017年第3期。

[6]刘明东、何晓斓:《翻译对跨文化传播的影响》,《外语学刊》2011年第2期。

[7]路艳霞:《追看玄幻仙侠,老外也痴迷》,2016年12月26日《北京日报》。

[8]汪庆华:《传播学视域下中国文化走出去与翻译策略选择——以〈红楼梦〉英译为例》,《外语教学》2015年第3期。

[9]鲍晓英:《"中学西传"之译介模式研究——以寒山诗在美国的成功译介为例》,《外国语(上海外国语大学学报)》2014年第1期。

案例 8

玄幻小说:文化杂糅,异军突起

案例背景

网络玄幻小说是类型小说的一种,它是建立在玄幻基础上传播的幻想小说,包括仙侠、玄幻和修真类题材。无论是从传播主体还是从传播内容、渠道上来说,它都不是一种主流文学作品。网络玄幻小说的传播主体是普通个人和民间机构而非官方,其内容也属于大众文化而非精英文化,传播渠道主要依靠互联网而不是传统媒体。从这几个角度来看,网络玄幻小说在国外的"走红"确实展现出中国文化国际传播的一种新趋势。

网络玄幻小说从其内容上看是中西方文化的一种结合,有学者将之称其为"第三空间"的文化杂糅。"文化杂糅"理论由霍米·巴巴在克劳狄·奥赫恩和萨义德"杂糅"理论的基础上进一步推进,把西方和非西方的关系放进一种关联和互动之中进行理解,强调在文化互动中构建立起来的理论本有的杂糅。中国网络玄幻小说的特点就是把中国古代民间神话传说与西方的魔法、科幻和"异界空间"融于一体,在中国文化语境下融合西方思想。小说本身就是一个不同文化辩证重组的过程。在全球化过程中,多元文化的共同发展成为必然趋势,这种文化杂糅所产生的新的文本活力也是中国玄幻小说广受欢迎的一个重要因素。

中国网络文学在世界走红也有媒介革命的力量。网络性让中国网络文学成为"网络人"的文学,在被网络重新"部落化"的地球村获得了广泛的亲缘性。这种原创生产机制,更是其辐射地球村的动力源。数百万字的长度,追更、互动、订阅、打赏,是中国网络文学独创的。外国人不但感到新鲜,更震惊于其超大的产业规模。这一次,真正意味着中国流行文化走进欧美读者的日常生活。

即使是在全球化进程高速推进的当下,不少西方读者依然还保留着对东方武侠强烈的好奇心，近些年功夫类型影片的式微，让中国网络文学接过了这个传递快感的角色。中式玄幻小说里有架空的历史环境、打怪升级的修仙情节，这对西方读者而言都是全新的世界观。而网络连载形式不拘泥于印刷品的出版规定和篇幅限制，为网文作者的想象力提供了更大的发挥空间，铺垫出更加恢宏的气势和格局。中国是一个有着数千年讲故事传统的大国，从庙堂之上到民间高手不计其数，各种潜在的文学资源和活力通过网络媒介重新被激活并且组织起来。

案例内容

自2016年以来，中国网络文学在海外的传播成为网文界乃至整个文化界的一个热点话题，“网文出海”已经成为一种全球性文化现象，受到各方面的高度关注。据三家最大的网络文学翻译网站 Wuxia World、Gravity Tales、Volaro Translation 在2017年6月的统计数据，三家网站合计月活跃读者数（月独立IP）已达550万，已经翻译和正在翻译的中国网络小说接近百部。在东南亚地区，中国网络小说更是早就成为深具影响力的外来流行文化，每年以百部左右的速度进行创作和翻译。2017年5月，起点小说网国际版正式上线，截至6月作品已超过50部。[①]

2017年8月15日，据不完全统计，全球自发翻译并分享中国网络小说的海外社区、网站已达上百家，读者遍布东南亚、日本、韩国、美国、英国、法国、俄罗斯、土耳其等20多个国家和地区，小说被翻译成10余种语言文字。例如，网络文学作家李蕤宾所写的中国古代言情网络小说《药窕淑女》广受异国读者青睐，2013年起，她的作品被翻译后推向泰国、越南等东南亚国家，去年起销往欧美市场。[②]

《北京晨报》记者在网上浏览了一个名叫“Wuxia World”的英文网站，发现“武侠世界”转载了大量火爆中国网站的小说和网文。其中以玄幻、奇侠小说为主，包括《星辰变》《天涯明月刀》《盘龙》《光之子》《逆天邪神》《天启之门》等在内的网络热门小说都被列在其中。报道还称该网站点击量在3月份的时候就超过了5亿，平日的日均流量居然可以达到264万人。其中点击人数排在前五名的国家分别是：美国、菲律宾、加拿大、印尼和英国。据介绍，创立这个网站的人曾经担任过美利坚外交官，但由于太喜欢“我吃西红柿”的《盘龙》，于是辞掉公

① 参见《中国网络文学何以走红海外》，http://www.xinhuanet.com/zgjx/2017－08/18/c_136532550.htm。

② 参见《中国网络小说“出海”获海外网友追捧》，http://news.163.com/17/0413/11/CHT90UQM00018AOQ.html。

职一心一意做“武侠世界”。有意思的是，在《北京晨报》记者登录武侠世界网站的时候，发现其主页面正在招聘行政助理，网页主 RWX 似乎已经无法应对网站的工作量。经过研究发现，“武侠世界”通过捐款和网页广告来获得收入，为翻译者支付工资。他们自发地捐款，一个章节最低 75 美元，捐满之后，这个章节就可以免费让网友阅读。而除了“武侠世界”之外，Novel Translations 及 spcnet 也都是翻译中文网文的热门网站。①

更有意思的是，《南方周末》的报道称“美国小伙凯文·卡扎德读了半年中国网络小说后，成功地戒掉了毒瘾”，讲述了一个美国小伙卡扎德失恋后心情苦闷，用毒品自我麻醉，一个偶然的机会他在网络聊天室里发现了中国玄幻小说《盘龙》。2014 年，《盘龙》被美国网友“任我行”自发翻译成英文，在网上连载。这引起了他巨大的兴趣。“我们西方文化有哈利·波特和各种优质小说，我长这么大，什么样的小说没读过?”自诩阅历丰富，卡扎德随意点开小说链接，结果“彻底陷进去了”。一整天，他不吃不喝，一连读了五六部(《盘龙》共 21 部)，相当于中文 100 多万字。2015 年初，正是中国网络小说在英语世界翻译热潮的开端，许多大部头小说的翻译才刚刚开始。一部小说译者，每天甚至每周才能更新几千字的内容，根本无法满足卡扎德的胃口。卡扎德很快找到办法：他多方寻觅，找到了三个翻译网站，同时追更 15 部中国网络小说，就像“美国大妈追肥皂剧”。半年后，因为沉迷中国网络小说，卡扎德彻底戒掉了可卡因。如他所说：“过去我回家后只想着吸毒，现在我回家后满脑子想的都是中国小说，它们像毒品一样让人上瘾，但至少不会伤害身体。”卡扎德对《南方周末》记者说。②

像卡扎德这样“满脑子想着中国小说”的国外读者越来越多。中国网络玄幻小说乃至中国网络文学输出的不仅是中国文化、中国文学，更是一种具有特色和原创性的网络文学生产机制，不仅让我们看到了文化“走出去”的新契机和新切口，更有巨大的资本价值和市场潜力等待我们抢先占领和挖掘。

案例分析

网络玄幻小说的在海外的成功传播为中国文化的国际传播打开了一扇新的窗口。其成功应归功于注重将海外文化的“本土化”与“异域性”结合，同时，在国际传播过程中由具备双文化能力并热衷武侠文化的译者推介到国外，在追更、互动、评论的网络空间中完成了海外读者从不懂、误读到理解、欣赏的过程。

---

① 参见《网络小说海外走红专家揭秘玄幻仙侠和西方文化共同点》，http://www.cssn.cn/wh/wh_whrd/201612/t20161227_3360358.shtml。

② 参见《中国网络小说走红国外：“为什么我才知道还有这样的小说!”》，http://finance.sina.com.cn/roll/2017－03－20/doc－ifycnikk1233469.shtml。

一、“异域性”与“本土化”的结合

中国玄幻小说融合神秘的东方文化与奇幻的西方想象的文本特征，是国际传播“异域性”与“本土化”的有机结合。网络玄幻小说一般会出现血统、家族政治、修真、练体等内容，这些异于西方文化、异于都市风情的内容对外国读者非常具有吸引力。西方读者把东方文化与民众视为“异域风物”，玄幻小说中超长的时间跨度、神奇的修道修仙、神秘的玄怪志异以及仗义的侠客精神无不体现了中国文化所特有的魅力。网络玄幻小说在体现“异域性”的同时，也认同并融合了诸多西方思想和价值观，其发展中脱离不了西方现代奇幻文学的影响。所以，中国网络玄幻小说是一种吸收了西方的奇幻、游戏、逆袭等流行元素，又融合了作为“异域风物”的东方文化，再生产出的适合全球传播的“再生文化”。这正是吸引中外读者，成功进行国际传播的内容和文本优势。只有从国外读者出发，将文化的本土性和异域性结合，以国外本土性文化打开市场，以国外异域性文化维持市场，才能实现中国文化成功的国际传播。

二、文化译介与策略

除“异域性”和“本土化”的结合之外，想要达到有效的国际传播还需要双文化能力的译者和别出心裁的译介策略。网络玄幻小说的文化杂糅性使其非中非西，亦中亦西，这就存在一种语言和文化理解上的障碍。国际传播要想取得好的效果，需要一个好的中介，也就是翻译人员。译者作为翻译主体，其文化意识往往会影响国际传播，这就要求译者既要具备优异的“双语能力”，又要具备较强的文化意识和精通两种文化的“双文化能力”。玄幻小说的翻译主体基本上是一批华裔武侠文化爱好者，他们在国外生活多年，以英语为母语，兼具中西文化背景。此外，由于文化语境不同，充满东方想象力的内容要求译者在符合英文语法规则的同时还要尽可能地还原中文语义的细节含义。比如 Wuxia World 网站就设有专栏对小说中出现的中文特有概念如术语、理论、武器、关系等的解释，而且对这些概念的翻译多采用中文拼音。如 Dao（道），Qi（气），Against the Gods（逆天邪神），Emei Piercers（峨嵋刺）。还有对中国成语、习语的翻译也最大程度地保证了原有之意，这种到位的翻译使很多外国人更准确地理解中国文化，进而使网友自愿众筹请译者持续不断地翻译更新。

由此可见，中国文化国际传播方式的策略需要多元化，既要注重大众文化载体与中国文化内涵相结合，又要在作品翻译中把异域特色与精准表达相结合。中国文化的传播应基于共同的价值观念，减少文化间的冲突，将作品与民众的情感相结合，进而做到打动人、有共鸣的中国文化国际传播。

三、规范、引导网络文学产业

很多网络文学作家的经济来源都是作品更新带来的直接收入，作品的更新频率和长度直接影响作品的热度和网友打赏，这导致许多网络玄幻小说成为一种消费式创作和消费式阅读的产物，继而导致作品冗长、语言拖沓、情节高度相似等诸多问题。此外，由于写作准入门槛低，文化水平不一的作者涌入小说市场捞金，导致作品鱼龙混杂，质量参差不齐。因此有学者批评："仙侠、玄幻的受众趋向年轻化，对于那些文化水平和素养并不高的青年甚至是少年来说，这些小说滥用文化历史素材的后果是不堪设想的。"①由此可见，我们还需要建设完善的文化产业体系，依托成熟的文化生态而不是高热度的文化单品当务之急是要加强对网络文学产生的规范，积极引导其内容生产及传播，不能让中国网络文学在向海外传播的过程中失去作为基础要素的高质量、高水准。

相关链接及参考阅读

[1]《中国网络小说走红国外："为什么我才知道还有这样的小说！"》，http://finance. sina. com. cn/roll/2017－03－20/doc－ifycnikk1233469. shtml。

[2]《中国网络小说在海外翻译网站走红追看玄幻仙侠老外也痴迷》，http://culture. people. com. cn/n1/2016/1226/c22219－28975415. html。

[3]《十部外国人最爱看的中国网络小说！玄幻类最受追捧》，http://tech. huanqiu. com/internet/2016－12/9778443. html。

[4]《美媒：中国玄幻小说究竟有多火？连歪果仁都加入创作》，http://oversea. huanqiu. com/article/2017－05/10739126. html。

[5]《中国网络小说海外走红牛逼在哪？起点中文网走向国际》，http://www. mnw. cn/news/cj/1517816－2. html。

[6]《中国网络小说"出海"记》，http://news. qq. com/original/dujiabianyi/webnovel. html。

[7]《中国网络小说"出海"获海外网友追捧》，http://news. 163. com/17/0413/11/CHT90UQM00018AOQ. html。

[8]《网络小说海外走红　专家揭秘玄幻仙侠和西方文化共同点》，http://www. cssn. cn/wh/wh_whrd/201612/t20161227_3360358. shtml。

[9]《中国网络文学何以走红海外》，http://www. xinhuanet. com/zgjx/2017－08/18/c_136532550. htm。

[10]邱凌、韩婕：《网络玄幻小说的文化杂糅及国际传播解读》，《现代传播》2017 年第 9 期。

① 张玉洁：《从仙侠、玄幻小说审视网络文学》，《大众文艺》2014 年第 17 期。

[11]谷学强、汪中瑞:《从 WuxiaWorld 爆红看我国网络小说的国际传播》,《安庆师范大学学报(社会科学版)》2017 年第 6 期。

[12]何殊我:《冷静看待中国网络文学出海》,2017 年 4 月 14 日《中国教育报》。

[13]吴绪蒂:《东西方文化及网络游戏对中国网络玄幻小说的影响》,东华理工大学硕士学位论文,2016 年。

国际传播受众篇

国际传播是全球性的、开放性的、跨越国界的信息传播，其传播对象遍布世界各地，远比国内受众广泛。本篇案例涉及“一带一路”沿线国家、东南亚、欧美及部分非洲国家，以及对俄罗斯、日本等国进行的个案分析。由于这些国家和地区在政治制度、法律体系、宗教信仰、文化习俗等方面与我国存在一些差异，所以应当着重探讨如何在国际传播中灵活运用传播策略，并达到良好的传播效果。

案例 1

“一带一路”沿线国家：民心相通，媒体先行

案例背景

“一带一路”(The Belt and Road)是“丝绸之路经济带”和“21 世纪海上丝绸之路”的简称。2013 年 9 月和 10 月，中国国家主席习近平提出建设“新丝绸之路经济带”和“21 世纪海上丝绸之路”的战略构想。“一带一路”将充分依靠中国与有关国家既有的双多边机制，借助既有的、行之有效的区域合作平台，旨在借用古代丝绸之路的历史符号，高举和平发展的旗帜，积极发展与沿线国家的经济合作伙伴关系，共同打造政治互信、经济融合、文化包容的利益共同体、命运共同体和责任共同体。

“一带一路”沿线国家有 64 个，其中包括亚洲 43 国，中东欧 16 国，独联体 4 国，非洲 1 国。“一带一路”沿线各国以政策沟通、设施联通、贸易畅通、资金融通、民心相通为主要内容。其中，民心相通是“一带一路”建设的社会根基。为传承和弘扬丝绸之路友好合作精神，“一带一路”建设广泛开展文化交流、学术往来、人才交流合作、媒体合作、青年和妇女交往、志愿者服务等，进一步深化双多边合作，奠定了坚实的民意基础。

当今世界正发生复杂深刻的变化，“一带一路”的建设顺应了世界多极化、经济全球化、文化多样化、社会信息化的潮流。共建“一带一路”符合国际社会的根本利益，彰显出人类社会对共同理想的美好追求，是国际合作以及全球治理新模式的积极探索，为世界和平发展增添新的正能量。

案例内容

一、综艺节目捧红哈国歌手，促进中哈文化交流

湖南卫视《歌手》栏目邀请了来自哈萨克斯坦选手迪玛希，歌好人美，被亲切地称为“进口小哥哥”。迪玛希在中国的爆红引起了哈萨克斯坦对《歌手》栏目的关注，《歌手》也随即成为哈国民众了解中国的一扇窗口。迪玛希演唱的《Dai di dau》是哈萨克斯坦的著名民谣，这也让中国民众对哈萨克斯坦有了新的认识。《歌手》节目走红之后，迪玛希参加了“光明丝绸之路上的相遇”中哈联合音乐会，演唱了《秋意浓》《不要孤独》等歌曲。目前，迪玛希不仅在中国拥有大量粉丝，在哈萨克斯坦也是人气大涨。在中国“一带一路”国际合作高峰论坛期间，迪玛希被誉为“一带一路”上的音乐使者。

以往，中国民众对哈萨克斯坦的了解并不多，但如今，一些迪玛希的粉丝开始在网上分享“哈萨克斯坦旅游攻略”“哈国知名小吃”等资讯，迪玛希的微博下更有粉丝说“学了英语、日语、韩语，结果男神说哈萨克语”“迪老师是不是开始学中文啦”等。

哈萨克斯坦网站 Tengrinews 此前报道称，中国驻哈萨克斯坦大使张汉晖5月在与中哈媒体代表的见面会上表示，迪玛希在中国的成功是民间文化交流的成果，中国政府并未刻意推动此事，但支持这样的文化交流。张汉晖说：“他(迪玛希)是哈萨克斯坦的荣誉。当然，他取得了巨大成功，在中国赢得了众多粉丝的喜爱。现在，迪玛希已经成为了连接中哈人民文化交流的桥梁。”有哈萨克斯坦网民称：“是迪玛希让我们了解中国文化艺术，为两国文化交流搭起桥梁。”

二、多媒体联手架起对中亚五国的沟通桥梁

“中国网”是由国务院新闻办公室和国家互联网信息办公室领导、中国外文局管理的国家重点新闻网站，这是中国进行国际传播、信息交流的重要窗口。中国网设立的专门详解“一带一路”政策的“丝路中国”专题，包含三大类信息：“观・丝路风云”主要介绍“一带一路”相关政策、说明、评论等；“闻・丝路动力”涵盖丝路国家经济发展动态与财经信息；“览・丝路人文”通过网络介绍丝路沿线国家的文化风貌、宗教艺术等。同时中国网还专门针对中亚五国不同的语言和习俗在翻译上进行了转换。

由中国国际广播电台主办的中央重点新闻网站“国际在线”推出了“‘一带一路’共商共建共享”专题，采用图文并茂的方式进行解读，如“一图读懂一带一

路”说明中亚国家参与共建“一带一路”的愿景与行动。该专题包含“一带一路大事记”“中国各地方开放姿态”“亚投行的朋友圈”等栏目。

同时,在加强与中亚媒体合作,服务区域经济文化发展方面,地方政府创办了有地域特点的网站如新疆门户网站——天山网。天山网经过 11 年的发展,已搭建了互联网、手机报、手机网、数字报刊四大平台,开设汉文、维吾尔文、哈萨克文、英文、俄文 5 个语种的 8 个版面,设立频道 76 个,栏目 600 多个。据统计,2007 年以来,来自德国、土耳其、哈萨克斯坦、吉尔吉斯斯坦等 50 多个国家的专家、学者、媒体记者都曾参观天山网,国外各类媒体代表团参观天山网达 30 多次。天山网记者、编辑还走出去与土耳其、巴基斯坦、俄罗斯、塔吉克斯坦、哈萨克斯坦等国家和地区的媒体交流,制作对外友好交流专题近 30 个。不仅如此,天山网还同各国新媒体加强资源共享、互联互通:2013 年,哈萨克斯坦哈萨克国际通讯社与天山网就电子信息落地合作达成共识并进行签约;吉尔吉斯斯坦钻石广播公司与新疆人民广播电台、新疆电视台、天山网洽谈,达成内容落地合作意向。

三、栏目组走万里,实践电视外交

陕西卫视《丝绸之路万里行》节目是“丝绸之路国家影视桥工程”重点项目、陕西省委宣传部文化精品工程。该栏目以全程自驾的方式实现对“一带一路”沿线国家的跨境采访,历时 54 天,跨越了包括中国、哈萨克斯坦、乌兹别克斯坦、俄罗斯、格鲁吉亚、土耳其、希腊、意大利在内的 8 个国家。万里行采访团由 16 辆采访车组成,国内段成员 100 人,国外段 37 人,是以电视媒体传播为核心的全媒体融合报道团队。在采访车队横贯欧亚的行进过程中,陕西卫视利用自身主平台的传播和覆盖范围,联动全台各频率频道,制作和播出新闻直播专栏节目《丝路进行时》50 余期、高端访谈节目《长安与丝路的对话》15 期、人文记录节目《丝路上的陕西人》13 期、自驾体验节目《自驾万里到罗马》13 期、电台节目 50 余期。通过 4G 卫星和互联网,一股强大的“一带一路”信息流打破国界、时间和媒介的障碍,迅速涌入国际舆论场。沿线国家哈萨克斯坦、格鲁吉亚、意大利等国家级媒体纷纷以新闻、专题等形式报道丝路活动。格鲁吉亚总理欢送媒体团仪式通过国家电视台向全国直播,其对“丝绸之路经济带”的认同和赞扬通过直播传达给格鲁吉亚全境公民。

《丝绸之路万里行》见证了“一带一路”从战略构想到务实合作的过程,生动地记录、解读和实践着“丝路五通”,成为“一带一路”建设中凝聚国际社会共识的媒体外交范例,也是对电视外交理念的实践、丰富和拓展。

案例分析

一、国际关系优先原则

国际传播是跨国界的传播，既为“跨国界”，就必然涉及国与国之间的关系，包括国家之间的外交关系、外经贸关系等。而在外交关系、外经贸关系方面，各国政府都有自己的战略部署和政策规定。国际传播是建立在国际关系基础上的传播，要与国家政府在国际关系方面的大政方针相吻合，遵循国家的相关政策与规定，这是任何一个国际传播主体在确定目标受众、制定传播策略、开展传播活动之前都必须明确的问题。“一带一路”战略是我国首倡，国家高层推动的国家战略。其目的是促使我国和“一带一路”沿线国家的经贸、文化等多方面的交流，拉近与沿线国家间的关系。湖南卫视《歌手》节目，在进行外国嘉宾的选择时，结合“一带一路”政策背景，优先选择邀请哈萨克斯坦选手迪玛希参加节目，既使国内民众了解哈国音乐文化，又能使哈国民众把注意力放到了解中国上来。外国受众除了观看迪玛希在国内这档节目上的表现，还能更全面地了解迪玛希在中国的动向以及中国的文化背景。《歌手》节目巧妙地利用青年群体这一目标受众，为针对哈萨克斯坦的传播起到了良好的作用，节目邀请哈国选手作为嘉宾正是目标受众选择中国际关系优先原则的体现。

二、主体利益相关原则

国际关系是国家利益主导下的关系，国际传播也是国家利益主导下的传播。鉴于此，当传播主体在确定目标受众时，应以国家利益为最高原则，在此基础下展开传播步骤。按照利益相关的原则，传播主体应当选择与本国利益密切相关、对本国发展具有较大影响力的那一部分受众作为自己的目标受众，通过传播强化其顺意倾向，消除其误解与偏见，营造对本国发展有利的舆论环境，以求国家利益的最大化。

我国针对中亚五国进行多种方式的网络传播，主要内容是向目标国受众解释、说明“一带一路”政策。由于“一带一路”政策尚未在沿线国家深入开展，因此首先打通亚欧经济走廊中的中亚五国便显得尤为重要。国家相关部门专门开设网页、广播，利用当地语言进行政策的解读与宣传。我国媒体在针对五国传播时也格外注意当地文化习俗、语言习惯，在翻译时进行了合适的转换；同时利用媒体外交来为“一带一路”政策的深入做铺垫。陕西卫视的《丝绸之路万里行》节目，与沿线国家媒体合作边走边播，共同播出沿线见闻。在潜移默化中宣传了“一带一路”政策，如对格鲁吉亚第比利斯华凌经济特区建设的报道凸显了中国对格鲁吉亚基础设施建设的重大援助;还有中国铁建承建的安伊高铁二期工程的报道,说明该工程沟通了土耳其首都安卡拉和伊斯坦布尔,并有望穿越博斯布鲁斯海峡通往欧洲。这些生动的报道使得沿线国家对中国的"一带一路"政策有了更为深入、直观的了解,也更能调动积极性参与到与中国"一带一路"建设的合作中。

相关链接及参考阅读

[1]"一带一路"百度百科:https://baike.baidu.com/item/%E4%B8%80%E5%B8%A6%E4%B8%80%E8%B7%AF/13132427?fr=aladdin#8。

[2]中国"一带一路"网:https://www.yidaiyilu.gov.cn/。

[3]胡钰、景嘉伊:《"一带一路"的国际传播能力建设》,《青年记者》2017年第22期。

[4]李晓林、史鹏飞:《电视外交:"一带一路"建设上的国际传播实践——以大型跨国体验报道〈丝绸之路万里行〉为例》,《西部广播电视》2016年第2期。

[5]吴隽然:《"一带一路"战略下中国对非洲传播策略研究》,《东南传播》2015年12期。

[6]覃杰:《两大舆论场与软实力构建——"一带一路"视阈下中国的国家形象传播战略》,《今传媒(学术版)》2017年5期。

[7]张恒军:《"一带一路"倡议与当代中国价值观的国际传播》,《传媒》2017年15期。

[8]李勇、沈虹冰、石志勇:《从"一带一路"报道策划看增强国际传播能力的视角与路径》,《中国记者》2017年5期。

案例 2

东南亚部分国家:文化交流,本土改造

案例背景

东南亚位于亚洲东南部,包括中南半岛和马来群岛两大部分,地处亚洲与大洋洲、太平洋与印度洋的“十字路口”。东南亚地区共有 11 个国家,包括越南、老挝、柬埔寨、泰国、缅甸、马来西亚、新加坡、印度尼西亚、文莱、菲律宾、东帝汶,面积约 457 万平方千米。东南亚各国都是多民族的国家,全区共有 90 多个民族,人种以黄色人种为主。

东南亚是世界上外籍华人和华侨最集中的地区之一。仅以分布在世界各地的海外华人为例,目前海外华人人数约为 3000 万(分布在 140 多个国家和地区),他们虽然来自中华民族的大族群,却情况各异。第一代移民大都来自中国的东南沿海地区,他们早已加入居住国国籍,成为当地民族——华族公民中的一分子,政治上认同于所在国。他们的后代在语言文化、宗教信仰、风俗习惯等方面日益本地化,与中华民族的深层联系所剩无几。

东南亚是当今世界经济发展最有活力和潜力的地区之一,在未来新的世界政治、经济格局中,东南亚的作用和战略地位将更加重要。东南亚是中国的南邻,自古以来就是中国通向世界的必经之地。在历史上,东南亚绝大多数国家就与中国友好往来,在政治、经济、文化上关系密切。在悠久的历史交往中,中国人民和东南亚各国人民结下了深厚的友谊。在未来的历史进程中,随着中国和东南亚国家经济的飞速发展和社会的进步,合作关系也将进入一个不断发展,更加密切的新的历史时期。

● 案例内容 ●

一、中国国际广播电台曼谷分台的本土化转型

中国国际广播电台于 1950 年开办泰语广播，从开播一直到 2006 年的 56 年里，短波是唯一的播出方式，即节目在北京制作，通过国内的短波台站向泰国发射，因此传播效果十分有限。2010 年，国际台在曼谷建立亚洲地区总站，国际台与当地合作伙伴成立了合资公司，并依托合作方良好的社会关系和媒体市场经验，成功购买到曼谷 FM103 调频台的播出权。FM103 开办初期，由于本土节目制作人才的缺乏，无法开展本土化的节目制作，为了按时开播，国际台只好利用本部现有资源为该频率拼凑出了一套节目，确保其“出声”。因此，开播后不久，该台在当地的收听率调查中处于垫底的尴尬地位。

亚洲总站先后与几个专业广播节目制作团队、部分我国驻泰使馆官员和一些老听众进行座谈时发现，虽然很多人肯定国际台节目的严谨态度和精良制作，但也表示这套节目的风格与当地调频台完全不同，缺乏本土化和服务性内容，难以吸引当地听众。此外，当地英语节目收听人群有限，这套节目带有浓厚的中国色彩，脱离了当地受众的需求和社会现实，甚至在当地的广播市场中显得另类，甚至被当地受众和媒体冠以“文化帝国主义”头衔，认为这是中国把宣传机器开到了泰国，是对泰国文化主权的侵犯，当地媒体开始出现对 FM103 以及中国对外传播的攻击性报道。鉴于这种情况的发生，国际台指示亚洲总站立即采取整改措施。亚洲总站和合作公司在开展受众调查和咨询当地广播专业人士意见的基础上，制定了一套节目改版方案，决定 FM103 从 2011 年 6 月 1 日起完全实现节目的本土化制作和播出。改版方案把该台的目标受众确定为“现代人”，即年龄在 20～50 岁的社会中坚力量，并选择“103 Like FM”为电台呼号。方案还为“103 Like FM”制定了频率的口号：“喜欢 Like，点击 Like。”103 Like FM 根据受众的需要，将电台打造为流行音乐频率，以播出本土流行音乐为主，适量播出泰国、中国资讯，将其打造成为泰国流行音乐类型化的都市调频台。

到 2011 年 6 月 1 日电台开始播出改版节目时，FM103 当地全职雇员已达 15 人。他们大多具有多年广播节目制作经验或行业营销经验，熟悉泰国广播市场运作。节目人员根据市场要求，有针对性地制作节目，同时，市场人员又根据节目情况，调整市场战略，同时聘请了 7 位在泰国深受年轻人喜爱的节目主持人，吸引了大量的新粉丝，使该档节目成为早间收听量排名靠前的节目之一。该台在当地近 40 家电台中，收听率从垫底一跃至前 16 名，广告收入也实现了

快速增长，得到了各界的肯定和好评，实现了社会效益和经济效益双丰收。因此，国际台泰国曼谷分台成为全球本土化传播的成功案例。

二、《中国好声音》在马来西亚的本土化传播

浙江卫视热播的《中国好声音》第三季在走进马来西亚过程中，通过向当地影响力较大的华语电视媒体“借力”，综合运用打造本土平台、展示本土明星、强调本土话语等一系列“本土化”策略，取得了理想的传播效果。

1. 利用当地平台传播

在马来西亚，于2003年成立的8TV频道无论在播放华语电视节目比例上还是占有华人受众市场方上均表现出明显优势。8TV以偏好收看华语节目的马来西亚青年华人为目标受众，自开播以来一直大量引进中国大陆及港台地区的华语电视节目。以此为背景，《中国好声音》第三季选择8TV这一优质华语媒体作为其在马来西亚的落户平台，自7月起，8TV于每周六晚22:30播出由浙江卫视首播的当周最新一期《中国好声音》。与此同时，节目组委托8TV频道于2014年6月7～8日在吉隆坡举行了为期两天的《中国好声音》第三季马来西亚招募活动”。活动面向所有18岁以上、能以中文沟通的马来西亚公民展开海选，所有选手一同竞逐，第一名将由节目组“保送”前往上海，直接入围《中国好声音》第三季盲选环节录制。

2. 利用当地明星效应传播

值得注意的是，从招募特别节目到《中国好声音》第三季正式开播，马来西亚“本土明星”作为评委、选手的风采，始终是8TV着力展示的内容。而正是此类迎合本地观众口味的内容设计，在客观上推进了《中国好声音》第三季在马来西亚的本土化进程。就评委而言，在两期招募特别节目中，先后出现的7位评委除1位来自浙江卫视节目组的音乐总监与1位在马来西亚具有较高知名度的中国台湾艺人外，其他5人均为马来西亚本地的知名华裔音乐制作人与歌手。总体来看，本地评委在招募节目中，具有明显高于海外评委的曝光率与话语权。就选手而言，在两期招募节目中被重点报道的选手多为在马来西亚当地已小有名气的选秀歌手。

● 案例分析 ●

一、国际台曼谷分台本土化发展经验

首先，积极融入当地。国际台曼谷分台在开播到2006年的56年间，一直采用在中国录制面向泰国播出的方式，并未考虑到泰国当时电台大多使用调频

播出。而在曼谷设立常驻分站之后了解了当地调频电台的商业行情，积极与当地企业合作购买频段，为在泰国落地播出奠定了基础。

其次，灵活转换语言策略。世界各国语言的使用情况差别很大：既有一个国家使用一种语言的情形，也有一个国家使用多种语言的情形，还有多个国家使用一种语言的情形。为了使信息能够顺利送达使用不同语言的受众那里，传播者必须进行语言符号的转换。国际台改革后所有节目改为全泰语广播，并结合受众群体特点，有针对性地对青年群体开展音乐广播。

最后，准确的节目定位。在划分了一定的受众群体后，曼谷 FM103 尽量使用受众能接受的方式和数量传播中国资讯。在整点播出国际台泰语部提供的新闻节目，由涉华、中泰双边、以及地区和国际消息构成，受到当地听众的欢迎；此外，本土节目团队每天编辑整理约 10 分钟有关中国文化、旅游、经济、美食、养生、教育或科技等方面的资讯，由当地主持人以聊天方式播出，形式轻松活泼，符合当地受众收听习惯，具有较强的可听性和可信度。

二、《中国好声音》在马来西亚播出的本土化策略

马来西亚当地华人尤其年轻人大多通过媒体、网络来了解中国，对中国深层次文化知之甚少。《中国好声音》节目组利用马来西亚当地华人频道对节目进行传播首先打破了国界，利用本土平台使当地受众容易接受。同时海选参赛选手，评委和选手多为当地明星，间接地促使观众学习中文歌曲，了解中国文化。与此前单纯的选手招募不同，此次《中国好声音》第三季在马来西亚的传播，实现了与当地华语电视媒体的深度合作，依托具有较强传播力、较高美誉度的 8TV，充分调动其能动性，不仅实现了在马来西亚免费地面频道的成功落地，还借助与 8TV 合作完成的一系列本土化策略，有针对性地走进了马来西亚华人电视观众的眼中。

三、国际传播的基本原则：文化接近性

“文化接近性”指受众较易接受与自己熟悉的语言、文化、风俗相接近的文化产品的倾向，目前多用于与国际文化传播有关的研究。最早提出这一概念的美国学者约瑟夫·斯特劳巴哈认为：受众最倾向于接受本国家/地区生产的文化产品，影响选择的因素包括对本地明星的喜爱、对本地知识的积累、对本地议题的关切、对相似族群的亲近感以及对本地生活方式的熟悉，等等。正是由于综合考虑地缘距离、历史联系、族群特征等文化联系，体现受众主体地位和文化偏好，《中国好声音》节目组首先选取马来西亚当地的华语频道作为传播载体，同时海选时演唱中文歌曲，更能使当地华人了解中华文化。

相关链接及参考阅读

[1]参见“东南亚”百度百科：https://baike.baidu.com/item/%E4%B8%9C%E5%8D%97%E4%BA%9A/390261?fr=aladdin#9。

[2]洪帆、郭振雪：《中国媒体外交：发展、挑战与思考》，《世界经济与政治论坛》2013 年第 4 期。

[3]廖吉波：《基于资源基础论的中国国际广播全球本土化研究》，清华大学硕士学位论文，2013 年版。

[4]李宇：《海外华语电视研究》，中国社会科学出版社 2011 年版。

[5]邵培仁、夏源：《媒介尺度论：对传播本土性与全球性的考察》，《当代传播》2010 年第 6 期。

[6]赵鸿燕、徐扬：《电视外交：一种软实力的构建》，《现代传播》2009 年第 3 期。

[7]杨姣：《1949～1990：云南对东南亚的传播交流史》，《文化与传播》2015 年第 3 期。

[8]丁智才：《民族文化产业与对外传播——基于西南边疆民族地区对东盟传播实践的思考》，《学术论坛》2013 年第 8 期。

[9]邢永川、林浩、郭章波：《中国新闻社广西分社面向东南亚的对外传播策略研究》，《新闻知识》2012 年第 11 期。

[10]郭镇之：《中国广播电视产业“走向东南亚”的对策性建议》，《中国广播》2013 年第 4 期。

案例3

东亚部分国家：贴近受众，解读中国

案例背景

日本国，简称“日本”，位于东亚，国名意为“日出之国”，领土由北海道、本州、四国、九州4个大岛及7200多个小岛组成，总面积37.8万平方公里。主体民族为大和族，通用日语，总人口约1.26亿。

3世纪中叶，其境内出现较大的国家大和国。645年，日本向中国唐朝学习，进行“大化改新”。12世纪后期，天皇皇权旁落，进入幕府统治时代。19世纪50年代中期，欧美列强侵入日本，迫使日本放弃“锁国政策”，签订一系列不平等条约，日本人民随后展开了反对侵略、反对幕府统治的斗争。1868年，明治天皇掌权，进行明治维新，日本迅速跻身资本主义列强行列，对外逐步走上侵略扩张的军国主义道路，曾多次侵略中国、朝鲜等亚洲国家。二战日本投降后，颁布新宪法，由天皇制国家变为以天皇为国家象征的议会内阁制国家。

中日两国是邻邦，但近代以来，日本在1894年、1931年、1937年发动了三次大规模的侵华战争，这一时期是中日两国关系史上最黑暗的时期，双方在寻求邦交正常化的过程中也遇到很多的问题。1972年9月25日，日本内阁总理大臣田中角荣访问中国，双方发表《中日联合声明》，标志着中日邦交正常化。2012年是中日邦交正常化40周年，然而，日本政府不顾中方反对，执意将钓鱼岛“国有化”，中日关系一度陷入僵局。总结中日2000年交往历史中的经验教训，我们得出的结论是，中日这两个重要邻国“和则两利，斗则两伤”。中日之间的共同利益远远大于分歧。在新时期，友好合作、互利共赢，才是符合两国根本利益的唯一正确选择。

案例内容

《人民中国》杂志是中国唯一一本针对日本发行的日语综合期刊。作为对日传播的重要平台，《人民中国》杂志不断进行改进，在本土化方面取得了卓越成效，现订阅用户已覆盖全日本47个都道府县，具有广大的受众群体。为提高在日传播效果，杂志社通过以下方式进行了改善：

首先，改组编委会，成立顾问委员会。新的编委会由社领导、总编室主任及日本专家共5人组成。编委会每月定期召开编委扩大会，和主要业务部门的负责人一起讨论近期的选题策划方案，解决业务流程中存在的问题，并制定今后一段时间内的报道方案。这大大提高了编辑出版的效率与质量，有效规范了业务流程，完善了策划制度。与此同时，《人民中国》还聘请了一批中日知名人士组成了顾问委员会。让他们在选题策划、出版发行等方面随时为杂志建言献策，还在读者中带来了“名人效应”。

其次，实现日本本土印刷。为了实现本土印刷，不仅驻日记者在日本调研、联系印刷厂，社领导还几次率专业人员赴日本考察。在多次电子传版试验成功后，《人民中国》最终选择政治方向和印刷质量均符合要求的印刷厂作为自己的合作伙伴。本土印刷后，杂志的时效性大大提高，杂志乘船运往日本的过程被取消，发稿周期也大大缩短。同时，杂志的针对性也明显加强。东京分社的日本记者从一名到多名，在东京的记者更加了解当地受众需求，在报道策划和采访撰稿时有了更强的针对性。记者根据平日的调查了解，多介绍国内新鲜流行的真人秀节目等话题，引起读者的极大关注。至此，《人民中国》有了年轻人感兴趣的栏目和话题，并成为其走出读者老化困境的有益尝试。

经过几年的发展，《人民中国》本土化工作已经从日本印刷、受众调查等简单的工作向更高层面拓展。东京支局积极联系日本各友好团体和个人，通过合办、协办、后援等方式，不断加大与日本各个领域的交流与合作，逐渐从单纯的外宣业务向重大活动、重大项目拓展。

仅2013年，东京支局便举办了“创刊60周年东京主题活动”“第二次中国地方外宣干部访日”“中日关系研讨会”等数十项中日民间交流活动。同时，东京支局利用自身的优势，着力开展高端访谈；创新通联简报的内容形式，实施定点调查；合理推进以有效赠送为主的本土发行。在新媒体方面，东京支局大力推动日文推特的运营。截至2013年12月，《人民中国》共推送信息4300条，粉丝已突破2000人。

此外，杂志社在培养对日传播的人才方面也做了有效探索，为新进人员进行“日语基础”“日本国情”等课程的培训计划，不断推动青年业务骨干海外培训计划，为《人民中国》在日本的广泛传播奠定了基础。

案例分析

在国际传播中，针对目标受众展开的传播活动一般有以下目的：

一、通过传播改变受众态度

态度是一种内在的心理变化过程，是受众对传播主体持有的评价和行为倾向。国际传播的一个重要任务，就是试图对受众的心理变化过程施加影响，使之改变对传播主体不利的评价与行为倾向，形成对传播主体有利的评价与行为倾向。由于中国和日本的历史问题导致的两国的关系特殊性，日本国内媒体对中国的报道多是中立甚至负面，因此急需中国自己的声音去展现客观真实的中国形象。日本民众对中国的认知大多通过本国媒体来了解，而日本的报业非常发达，时至今日，日本国内民众仍较多通过纸质媒介来了解世界。

《人民中国》是非常具有针对性、目标受众明确的传播载体，其创办在形式上符合日本社会，因为报刊杂志类出版物在日本具有广阔市场。同时《人民中国》杂志虽然作为我国对日传播的重要渠道，但其政治宣传色彩并不浓厚，相反《人民中国》大量引用日本专家、记者、街头调查来报道日本受众所关心的中国动态，真正面向日本读者，使日本受众乐于阅读《人民中国》。

二、通过传播形成有利国际舆论

国际舆论是国际社会对于某一国家、某一事件或问题所表达的信念、态度、意见和情绪的总和。无论对于一个国家，还是对于具体的事件来说，国际社会这种总体性的“表达”都是至关重要的。顺意的“表达”，有利于国家持续、稳定的发展，有利于事件或问题的圆满解决。正因为如此，世界各国无不重视国际舆论，并力图不断增强本国对国际舆论的影响力度。

《人民中国》在杂志定位上实现了本土化的落地，并非只是以我为主的宣传，而是运用多种方式实现对外国受众的传播，受众国对象在经常阅读这些杂志之后对我国的情况有了大致客观、真实的了解，这样在西方一些媒体的“逆意表达”下，这些受众会分辨是非，甚至统一发声提出相反的舆论质疑。但在日本仍会有部分日本受众因为对中国缺乏了解，故而对中国具有刻板印象，这种印象的改变相对需要较长的时间，《人民中国》针对这部分受众，采取大量在日采访调查和大力报道中日经贸密切程度的方式来展示友好、和平的中国形象。通过日本民众的言论来说服日本民众，这种方式对于我国在日本国内有利舆论的形成和扭转不利舆论起到了关键作用。

相关链接及参考阅读

[1]“日本”百度百科：https://baike.baidu.com/item/%E6%97%A5%E6%9C%AC/111617?fr=aladdin。

[2]“中日邦交正常化”百度百科：https://baike.baidu.com/item/%E4%B8%AD%E6%97%A5%E9%82%A6%E4%BA%A4%E6%AD%A3%E5%B8%B8%E5%8C%96/791112?fr=aladdin。

[3]孙钰：《国际舆论的双层结构与中国国际传播》，《青年记者》2017年第24期。

[4]刘肖、董子铭：《失衡与制衡：国际传播运行格局的理论透视》，《四川大学学报(哲社版)》2017年第3期。

[5]张春侠：《外宣期刊本土化的探索与尝试——以〈人民中国〉为例》，《产业与科技论坛》2014年第3期。

[6]杨宏明：《浅谈如何在公共外交中讲好“中国梦”——以对日传播为例》，《新闻世界》2014年第6期。

[7]谭震：《多渠道发声多层面交流——程永华大使谈对日传播》，《对外传播》2014年第3期。

[8]杨本明：《日本对华舆情调查及中国的对日传播策略研究》，《重庆科技学院学报(社会科学版)》2013年第6期。

案例4

俄罗斯地区:军事外交,刚柔并济

案例背景

俄罗斯位于欧亚大陆北部,地跨欧亚两大洲,国土面积为1707.54万平方公里,是世界上面积最大的国家,也是一个由194个民族构成的统一多民族国家,主体民族为俄罗斯人,约占全国总人口的77.7%,俄罗斯人的祖先为东斯拉夫人罗斯部族。

1991年12月25日苏联解体后,最大加盟共和国俄罗斯正式独立,继承苏联的大部分军事力量。俄罗斯拥有世上最大的核武器库,在"一超多强"的国际体系中,是有较大影响力的强国,其军工实力雄厚,特别是高等教育、航空航天技术方面,居世界前列。俄罗斯作为联合国安全理事会五大常任理事国之一,对安理会议案拥有一票否决权。除此以外,俄罗斯还是金砖国家之一。

1949年10月2日,苏联第一个与中华人民共和国建交。苏联解体后,1991年12月27日,中俄两国在莫斯科签署《会谈纪要》,确认俄继承苏联与中国的外交关系。2005年,中俄签署《中华人民共和国和俄罗斯联邦关于中俄国界东段的补充协定》。至此,不仅黑瞎子岛的领土争议尘埃落定,中俄长达4300公里的边界也全部得到了确认。在新时期,中俄关系的全面推进、综合拓展已经成为我国外交事业的重要领域。

案例内容

2015年5月9日,中国陆海空三军仪仗队首次赴俄罗斯参加卫国战争70周年阅兵。三军仪仗队的方队军姿飒爽,引人注目,用一曲《喀秋莎》踏响了此次红场阅兵之路,引发了中俄两国民众的持续关注,乃至成为双方热议的新闻话题,俄罗斯红星电视台、24小时新闻频道等本地媒体都罕见地把镜头对准第一次亮相、颇有神秘感的中国三军仪仗队。

为什么选择《喀秋莎》作为彩排暖场和队伍行进的伴奏曲？本次出国受阅的三军仪仗队护旗手张洪杰向环球网记者介绍道：在受领赴俄罗斯参加反法西斯战争胜利70周年阅兵式任务后，三军仪仗队领导组就在琢磨怎么能更出色地完成这次任务，既能展现我军的威武军姿，又能展示我军的精神风采。最后，领导组决定选用一首俄文歌曲作为此次阅兵的基调曲，而仪仗兵们在莫斯科街头用俄语唱出“喀秋莎”，也将无形中拉近与俄罗斯民众的感情。①

“《喀秋莎》是俄罗斯的名曲，它对反法西斯战争的胜利起到了重要作用。我们选择这首曲子，是为了表达对反法西斯老战士的尊重和缅怀，也借此向整个卫国战争的老战士致以最高的敬意。”三军仪仗队大队长李本涛在接受新京报采访时说。据介绍，三军仪仗队队员在平时训练时，以每分钟行进110～116步为主。但由于《喀秋莎》节奏较快，队员步伐速度需要相应地提高到每分钟120步。临时变更频率固然增加了难度，但这并不影响中国方队的选择。由于平时训练严格，基础坚实的仪仗队队员们很快就适应了新的行进节奏。②

护旗手张洪杰说：“这首俄语歌中国军人唱得不容易。不懂俄语，就用汉语标注。学歌用了一晚上，练歌用了一星期。可站在靶场上开喉放歌的时候，所有人都觉得，付出的一切都值得。”③功夫不负有心人，当解放军三军仪仗队第一次参加“阿拉比诺”靶场合练用俄语齐唱《喀秋莎》时，52个俄罗斯阅兵方阵立即齐声喝彩，有人边听边掉泪，还有人加入合唱。合练结束后，很多俄罗斯仪仗兵主动要求与三军仪仗队合影纪念，就像三军仪仗队队员们久违的老朋友一样热情、亲近。

随后，在俄罗斯红场阅兵的第二次彩排中，三军仪仗队在莫斯科街头用中俄双语高唱《喀秋莎》，直接引起了在场围观的俄罗斯民众的热烈欢呼。随后，一组由俄罗斯市民利用移动社交媒体现场拍摄并上传的名为《中国解放军三军仪仗队高唱苏联歌曲“喀秋莎”走过莫斯科街头》短视频在网络上不胫而走，受到了中俄两国人民的频频“点赞”、转发和跟帖评论，由此在两国民间也实现了成功的跨文化传播效应。④ 每次彩排结束，都有新一波的相关视频上传，有网友评论说，中国军人“又萌又帅又可爱”，还有网友说，“我们中国军人棒棒的”。

正如护旗手张洪杰所说：“阅兵传递的是友谊。我们希望在这里展现中国

① 参见《解放军一周学会俄文喀秋莎俄民众一片欢呼》，http://mil.news.sina.com.cn/2015－05－10/1413830220.html。

② 参见《中国三军仪仗队红场“踏响”〈喀秋莎〉》，2015年5月9日《新京报》。

③ 《中国方阵用俄语齐唱〈喀秋莎〉听众流泪》，http://mil.sohu.com/20150508/n412679873.shtml。

④ 参见韩雪莹：《从跨文化传播视角看〈喀秋莎〉唱响三军仪仗队红场阅兵之路》，《新闻研究导刊》2015年第11期。

军队、中国人民热爱和平、维护和平、珍惜和平的美好心愿。”[①]此次俄罗斯红场阅兵,112名身着第六代礼兵服的中国军队用歌声引发了其他国家阅兵队伍强烈反响的同时,也成功塑造了我们不忘历史、珍爱和平的大国军队形象。

附:网友评论[②]——

中国网友:

@comeonbabyww:看了N遍这个视频,激动,骄傲,兴奋!当中国军队出来的时候我都热泪盈眶了,让俄罗斯人看看中国军队,21个国家,中国最齐!好多俄罗斯人说中国军队最棒,留下了深刻的印象!中国长腿男模团正式出道。

@弥漫的浮光:红场高低不平也能走出斜线来!唯一一个从后面看帽子都整齐的!就是这么拽!

@Yonfansss:中国最帅的男儿们原来都在这儿了!

@薄荷只有和绿才配:大海啊,全是水,仪仗队啊,全是腿,“民族自豪感”这个词真的不是子虚乌有的,晚上在食堂吃饭的时候看新闻看得真的是会有想哭的那种感觉啊,这才是第一男团,给习总长脸,更给中国长脸。

@Seven－7琪QI:秒杀各种男团,多么骄傲我是中国人。

外国网友:

@AlexNick:中国真的震撼到我了。

@BenJones:感觉还是中国军队比较精神,为什么觉得俄罗斯的军队快睡着了呢?

@Serana:中国军人也很帅嘛。

@BorisAnna:在家看了俄罗斯70周年的阅兵,好喜欢军人啊,感觉中国军队好帅!

@Akambrestotle:和我的中国同学一起看的直播,我现在也爱上了中国军人!

@Катюшка:中国军队这次也来助威,竟然也都带着乔治丝带[③],感动,这下我们就能明白谁是真正的朋友了。

@Сфир:中国军队也好帅气,关键还唱着“喀秋莎”出场,真给力,够哥们儿!

---

① 《解放军一周学会俄文喀秋莎俄民众一片欢呼》,http://mil.news.sina.com.cn/2015－05－10/1413830220.html。

② 《中国仪仗队红场首秀各国网友惊慕不已》,http://bbs.tiexue.net/post2_8771370_1.html。

③ 乔治丝带是橙色与黑色条纹相间花样的丝带。为庆祝反法西斯战争胜利60周年,乔治丝带2005年春首次出现在俄罗斯一些城市中,然后该活动在全俄范围内推广开来。

案例分析

一、《喀秋莎》的创作背景与历史内涵

“驻守边疆年轻的战士/心中怀念遥远的姑娘/勇敢战斗保卫祖国/喀秋莎爱情永远属于他。”当《喀秋莎》音乐响起，不少中国人都能哼上几句。1939 年，苏联与日军在诺门坎爆发战争，苏联诗人伊萨科夫斯基灵感激发写出了诗歌《喀秋莎》，随后被苏联著名作曲家勃朗特尔谱成歌曲。这首歌描绘的是前苏联春回大地时的美丽景色和一个名叫喀秋莎的姑娘对离开故乡去保卫边疆的情人的思念。这首歌能在卫国战争时期迅速唱响的原因，就在于它将美好的音乐和正义的战争相融合，把姑娘的情爱和士兵们的英勇报国相联系，使得陷于硝烟与寂寞中的战士们在少女纯情的歌声里得到了心灵的温存和慰藉，在苏联上下掀起了一次爱国主义的热潮。[①] 经历了战火的洗礼后，这首极具俄罗斯传统特色的歌曲承载着整个民族对战争历史的记忆，一直沿承几代传唱至今天。

二、《喀秋莎》作为阅兵队列歌曲的可能性、合理性与必要性[②]

可能性——在行军过程中演唱队列歌曲是中国军队歌曲文化的展现。革命战争时期，为鼓舞军队士气，我军形成了在行军过程中演唱队列歌曲的特色军队文化。《喀秋莎》2/4 拍进行曲风格的节奏与行军的速度相契合，明快、简洁的节奏使得这首严格意义上而言的非军队歌曲被赋予了“军歌”的色彩。

合理性——由于军队的国家属性，军队国际交流在很大程度上是已定性的，但本次三军仪仗队红场阅兵演唱《喀秋莎》是以军队文化外交为主题的具有突破性意义的现象。相比起具有中国国家性质的《歌唱祖国》等歌曲，选择《喀秋莎》作为队列歌曲已经在最大程度上化解了跨文化传播中的冲突与障碍，在展示军队威严的同时，又用这首歌冲淡了军队的冷硬，拉近了中俄两国军人及民众的距离。

必要性——在国际传播的过程中，塑造文明之师、树立开放而包容之强国的形象是我们希望达到的跨文化传播效果。三军仪仗队高唱《喀秋莎》，既是我们对俄罗斯东道主的尊重，更是中国对于二战时期苏联进行的伟大的卫国战争和反法西斯战争这段历史的尊重，我们是在表明和俄方在宣传反法西斯战争正

---

① “苏联歌曲《喀秋莎》”百度百科，https://baike. baidu. com/item/%E5%96%80%E7%A7%8B%E8%8E%8E/31321? fr=aladdin#reference-[6]-7911058-wrap。

② 参见韩雪莹：《从跨文化传播视角看〈喀秋莎〉唱响三军仪仗队红场阅兵之路》，《新闻研究导刊》2015 年第 11 期。

义性上和纪念反法西斯战争胜利的相互支持，这正是选择《喀秋莎》作为队列歌曲的必要性所在。

相关链接及参考阅读

[1]《解放军一周学会俄文喀秋莎俄民众一片欢呼》，http://mil. news. sina. com. cn/2015－05－10/1413830220. html。

[2]参见《中国方阵用俄语齐唱《喀秋莎》听众流泪》，http://mil. sohu. com/20150508/n412679873. shtml。

[3]《解放军一周学会俄文喀秋莎俄民众一片欢呼》，http://mil. news. sina. com. cn/2015－05－10/1413830220. html。

[4]“苏联歌曲《喀秋莎》”百度百科，https://baike. baidu. com/item/%E5%96%80%E7%A7%8B%E8%8E%8E/31321? fr＝aladdin＃reference－[6]－7911058－wrap。

[5]《中国仪仗队颠覆国外对亚洲认知俄媒：超越所有》，http://war. 163. com/15/0510/10/AP8FV7M900014OVF. html。

[6]《中国仪仗队红场首秀各国网友惊慕不已》，http://bbs. tiexue. net/post2_8771370_1. html。

[7]“俄罗斯”百度百科：https://baike. baidu. com/item/%E4%BF%84%E7%BD%97%E6%96%AF/125568＃13_3。

[8]上海纪实频道系列纪录片：《红场阅兵》。

[9]爱奇艺短视频：《中国军人现身俄阅兵彩排高唱喀秋莎，飙泪全场》，http://www. iqiyi. com/v_19rrnry760. html。

[10]俄罗斯合唱团歌曲：《喀秋莎》。

[11]刘小晖：《大国威仪：中国人民解放军三军仪仗队 60 周年纪实》，西苑出版社 2012 年版。

[12]王林晚：《军事外交——中华文化十万个为什么》，中华书局 2013 年版。

案例5

欧洲部分国家:电视合作,本土表达

案例背景[①]

欧洲,名字源于希腊神话的人物“欧罗巴”,欧洲位于东半球的西北部,北临北冰洋,西濒大西洋,南滨大西洋的属海地中海和黑海。欧洲面积1016万平方公里,是世界第六大洲;人口7.28亿人,是世界第三大洲。99%以上人口属欧罗巴人种,是人种比较单一的大洲。欧洲是人类生活水平较高、环境以及人类发展指数较高及适宜居住的大洲之一。

17世纪以来,欧洲逐渐成为世界经济中心。18世纪,欧洲爆发人类第一次工业革命,欧洲成为当时世界经济中心。但经历20世纪的两次世界大战后欧洲逐渐衰落。欧洲经济发展水平居各大洲之首,工业、交通运输、商业贸易、金融保险等在世界经济中占重要地位。在科学技术的若干领域内也处于世界较为领先地位。

欧洲各国现在已与中国建立了正常的外交关系(除梵蒂冈外)。中国和欧洲联盟的外交关系建立于1975年。中欧关系一个争议的焦点便是欧盟对中国武器禁运问题。中欧关系基于1985年中欧贸易与合作协议,从2007年起双方开始谈判提升关系到新的Partnership and Cooperation Agreement层面,目前已经有20多个项目的谈话和协定签署,涉及环保、教育等领域。习近平表示,扩大中欧人文交往,对增进互相了解、促进社会繁荣、不断深化互利共赢的中欧全面战略伙伴关系至关重要。[②]

---

① 参见“欧洲”百度百科:https://baike.baidu.com/item/%E6%AC%A7%E6%B4%B2/145550。

② 参见“中欧关系”百度百科:https://baike.baidu.com/item/%E4%B8%AD%E6%AC%A7%E5%85%B3%E7%B3%BB/78782。

案例内容

陕西卫视中秋献礼 为"万里行"媒体团解乡愁

2014年9月8日，由陕西卫视联合中央电视台、新华社、《光明日报》、中国国际广播电视台、凤凰卫视等70余家媒体举办的大型人文历史活动"丝绸之路万里行"全媒体车队抵达意大利佛罗伦萨。

北京时间8日晚10时，也正是佛罗伦萨时间8日下午4时，遥望明月清辉，感受丝路真情，陕西卫视"甲午中秋丝路月"特别直播节目，在水墨风格国画视频的映衬下，伴随一支古意盎然的《国风》舞蹈大气开场。这场一小时的直播节目是由陕西卫视联合佛罗伦萨华人华侨联合总会、佛罗伦萨华人华侨、妇女联合会、佛罗伦萨中文学校等，借助陕西卫视卫星直播车和佛罗伦萨大学孔子学院所共同打造。

一曲跳罢，现场观众都有点意犹未尽，接下来由陕西卫视"丝绸之路万里行"合作单位唐华宾馆带来的祭月仪式更是令现场的气氛更加庄严。只见一位峨冠博带的祭月使者，金盆净手，香炉上香，在两侧一名女官和10余名宫女的侍从之下，酹酒祭月，遥祝祷天，将中国传统文化的魅力表达得淋漓尽致。接下来，画面切换，穿越千年，一首由10名八九岁小朋友带来的稚气悦耳的童声诗朗诵《月之故乡》，一下把现场家属和前方媒体团成员的思念与乡愁勾了起来。而接下来的丝路乐器送祝福，更是让人不由体会到陕西卫视的良苦用心，据说现场奏乐的曲颈琵琶、排箫、古琴等七件古乐器，都是从丝绸之路上传入中国的。

这次直播还有一个最大的亮点，就是四位从中亚国家来到西安的东干族留学生。由于他们一直祖辈相传，至今在应用俄语工作的同时，家庭生活中仍然说着没有文字对应的陕西方言[①]，所以昨天现场四句用陕西话念诵的李白名诗《静夜思》对他们来说不仅没有丝毫压力，而且抑扬顿挫，乡音浓厚，也博得了现场"乡党们"的一片掌声。

最后，由西安米旗食品厂捐赠的，直径为1.5米、重约300公斤的公益大月饼，把整场直播节目推向了高潮。来自西安回归儿童村的6名留守儿童，和在

① 东干族是指迁移到中亚的中国陕西及甘肃的回族后裔。东干族语是中国汉语北方方言中的陕西方言与甘肃方言的混合，由于与其他民族杂居，多数东干族人使用俄语，也有的使用哈萨克语、吉尔吉斯语或乌兹别克语。

场家属、观众、演职人员一同分享了寄托着“丝绸之路万里行”媒体团成员美好祝愿的美味月饼。

而在昨日中秋的这场中外连线直播，北京时间晚上11时许，当地时间下午5时许，前方媒体团约20分钟的节目也是异彩纷呈，佛罗伦萨大学孔子学院师生代表受邀参加了部分节目的表演。节目开场，孔院的四名学生为现场及电视机前的观众朗诵了辛弃疾的《满江红·中秋寄远》，送上中秋祝福。同时，著名文化学者、书法家肖云儒现场挥毫，赠送墨宝，并鼓励学生继续学习中文和中国文化，担当起中意文化交流的使者。随后，佛罗伦萨大学孔子学院教师代表徐冠男接受了凤凰卫视的采访，向在场的媒体朋友介绍了孔院教学和文化活动。

此次陕西卫视“甲午中秋丝路月”特别直播节目，连接了中国西安和意大利佛罗伦萨，以优美的诗词朗诵，动人的亲情连线，炫目的汉唐舞风和难忘的丝路感受，不仅卸去了前方记者身上的疲惫，消解了他们远离亲人的乡愁，也把中华传统文化的魅力传播到了丝绸之路上更多的地方。这次直播节目在陕西卫视和意大利国家电视台同时放送，不仅连线西安和佛罗伦萨两座古城，还邀请了丝路沿线多国人民参与。这台晚会不仅对于联系在佛罗伦萨两万多华人具有重要意义，同时也把中华传统文化的魅力传播到丝路上更多的地方。

案例分析

一、陕西卫视巧用创意，解乡愁、话乡情

此次成功举办的“甲午中秋丝路月”特别直播节目，其实只是全媒体自驾采访活动“丝绸之路万里行”的一个小部分。2014年7月到9月，由陕西卫视牵头组织，新华社、《光明日报》、凤凰卫视、《陕西日报》等机构组成的“丝绸之路万里行”，走过国内3省10余城和亚欧8个国家，辅以前所未有的全程航拍等技术手段，重走丝路、再探丝路，通过政治、经济、社会、文化、历史、民俗，全方位地寻访、体验、对话、交流，“惊艳敦煌”“巧战油荒”“专访总统”“飞身蹦极”，在所到之处及国内外舆论中引起不断扩散的关注、解读、延伸和讨论。[①] 中秋之际，如何让远在他乡的媒体团能在能得到温暖的慰藉和身心的释放，以及如何使当地祖国同胞乃至华人华侨能够产生情感的最大共鸣，身处古都长安的陕西卫视编导们，不由分说地想到了中国古诗词朗诵，尤其是那些家喻户晓地描写月亮的诗词名句，比如“海上生明月，天涯共此时”，“举头望明月，低头思故乡”……虽然远隔万里，但大家一同念诗，意境极美，乡情极浓。陕西卫视巧用创意，不仅令

① 搜狐娱乐《陕西卫视中秋献礼，为“万里行”媒体团解乡愁》，http://yule.sohu.com/20140909/n404160400.shtml。

海外同胞的家国交织激荡，也让媒体团记者们再接再厉，为在丝路经济带上更好地传递中国声音而化乡愁为动力。

二、“丝绸之路万里行”电视外交的内涵[①]

媒体外交日益已经成为一种与传统的政治外交、经济外交、军事外交相并重的外交手段，也是展现国家软实力的重要途经之一。“丝绸之路万里行”是中宣部、国家新闻出版广电总局 2014 年“丝绸之路国家影视桥工程”重点项目、陕西省委宣传部文化精品工程。万里行采访团由 16 辆采访车组成，历时 54 天征程，国内段成员 100 人，国外段 37 人，是以电视媒体传播为核心的全媒体融合报道团队。活动以全程自驾的方式跨境采访，包括中国、哈萨克斯坦、乌兹别克斯坦、俄罗斯、格鲁吉亚、土耳其、希腊、意大利等 8 个国家。“丝绸之路万里行”的国际传播主题是：围绕习近平总书记提出的“一带一路”建设的战略构想，以全媒体形式全景报道古老丝绸之路文明的灿烂与辉煌，即时记录和传播新丝路的复兴历程和建设成果。通过对沿线国家、城市和地区的国际传播和中国本土传播，反映国际认同，构建国际社会共建“一带一路”的国际舆论。“丝绸之路万里行”从媒体互动和交往层面搭建外交平台、深化各领域外交合作，拓展和丰富电视外交的国际功能，呈现出服务外交、实践外交、宣传外交、促进外交、改善外交和发展外交的丰富内涵。

三、“丝绸之路万里行”以传播实践电视外交[②]

尽管“一带一路”建设反映了国际社会的广泛共识和共同的利益诉求，但中国政府仍然需要通过各种管道和路径向世界传递“互联互通，合作共赢”的世界梦想。在“丝绸之路万里行”采访车队横贯欧亚的行进过程中，陕西卫视利用自身主平台的传播和覆盖范围，联动全台各频率频道，制作和播出新闻直播专栏节目《丝路进行时》50 余期；高端访谈节目《长安与丝路的对话》15 期；人文纪录节目《丝路上的陕西人》13 期；自驾体验节目《自驾万里到罗马》13 期；电台节目 50 余期。通过 4G 卫星和互联网，一股强大的“一带一路”信息流打破国界、时间和媒介的障碍，迅速涌入到国际舆论场。这些节目无不成为向国内外公众形象化阐释、故事化和景观化演绎“一带一路”立场观点、政策成果、外交成绩单的重要平台。与此同时，“丝绸之路万里行”为沿线国家和城市也提供了搭乘中国

① 李晓林、史鹏飞：《电视外交：“一带一路”建设上的国际传播实践——以大型跨国体验报道〈丝绸之路万里行〉为例》，《西部广播电视》，2016 年第 1 期。

② 李晓林、史鹏飞：《电视外交：“一带一路”建设上的国际传播实践——以大型跨国体验报道〈丝绸之路万里行〉为例》，《西部广播电视》，2016 年第 1 期。

国际传播的快车和便车。他们乐于享受这场国际传播营销的国际契机，也通过本国传播起到了“外交政策”民间动员和政策解读的政治传播功效。这些都充分展现了媒体外交是国家形象和国家战略公关的利器作用。

相关链接及参考阅读

[1]“欧洲“百度百科：https://baike.baidu.com/item/%E6%AC%A7%E6%B4%B2/145550。

[2]“中欧关系”百度百科：https://baike.baidu.com/item/%E4%B8%AD%E6%AC%A7%E5%85%B3%E7%B3%BB/78782。

[3]刘滢：《从“走出去”到“走进去”——中国媒体国际传播本土化的问题与对策》，《对外传播》2013年第8期。

[4]孟锦：《中国对外传播的全球本土化策略初探》，《中国广播电视学刊》2004年第7期。

[5]史安斌：《未来5～10年我国对外传播面临的挑战与创新策略》，《对外传播》2012年第9期。

[6]赵达：《中国立场·世界眼光·人类胸怀——中国国际广播电台台账王庚年谈创办CIBN》，《光明日报》，2011年第10期。

[7]搜狐娱乐《陕西卫视中秋献礼，为“万里行”媒体团解乡愁》，http://yule.sohu.com/20140909/n404160400.shtml。

[8]李晓林、史鹏飞：《电视外交：“一带一路”建设上的国际传播实践——以大型跨国体验报道〈丝绸之路万里行〉为例》，《西部广播电视》2016年第1期。

案例 6

非洲部分国家:家庭剧目,无问中外

案例背景

非洲位于东半球西部,欧洲以南,亚洲之西,东濒印度洋,西临大西洋,纵跨赤道南北,面积为 3020 万平方公里(土地面积),占全球总陆地面积的 20.4%,是世界第二大洲,同时也是人口第二大洲。

非洲是世界古人类和古文明的发源地之一,公元前 4000 年便有最早的文字记载。自 1415 年西班牙占领休达,欧洲列强开始进行对非洲殖民统治,约 19 世纪末至 20 世纪初达到巅峰,约有 95%的非洲领土遭到列强瓜分,资源长期遭到掠夺。1847 年后殖民地陆续独立,而非洲独立年(1960 年)则象征非洲脱离列强统治,非洲殖民时代结束。

中国和非洲的友谊源远流长,基础坚实。中非有着相似的历史遭遇,在争取民族解放的斗争中始终相互同情、相互支持,结下了深厚的友谊。中华人民共和国成立和非洲国家独立开启了中非关系新纪元。半个多世纪以来,双方政治关系密切,高层互访活动不断,人员往来频繁,经贸关系发展迅速,其他领域的合作富有成效,在国际事务中的磋商与协调日益加强。中国向非洲国家提供了力所能及的援助,非洲国家也给予中国诸多方面有力的支持。

案例内容

一、电视剧《媳妇的美好时代》在非传播

2011 年 11 月 23 日,译成斯瓦西里语的中国电视剧《媳妇的美好时代》(斯语版剧名译为《豆豆和她的婆婆》)在坦桑尼亚国家电视台播出受到当地观众的热烈欢迎和海内外媒体的广泛关注。2013 年 3 月 25 日,习近平主席到访坦桑

尼亚，在尼雷尔国际会议中心发表演讲时，提到斯瓦西里语版中国电视剧《媳妇的美好时代》在该国播出，习主席说："中非人民有着天然的亲近，人生乐在相知心。中国电视剧《媳妇的美好时代》在坦桑尼亚热播，让坦桑尼亚观众了解了中国老百姓家庭生活的酸甜苦辣。"

《媳妇的美好时代》在坦桑尼亚国家电视台开播时，国家广电总局副局长李伟、中国驻坦桑尼亚大使刘听生参加了开播仪式。面对热烈的场面和纷至沓来的祝贺短信，一同出席活动的时任坦桑尼亚新闻、青年、文化与体育部长恩钦比兴奋地说："感谢中国为我们提供了优秀的文艺作品！这是坦桑尼亚播出的第一部译成斯瓦西里语的外国电视剧，反映了中国对我们民族语言的极大尊重，也为坦桑尼亚电视工作者提供了学习的范本。"[①]该剧播出一周后，坦桑尼亚国家广播公司电视节目部主任西里玛给国际广播电台斯语部打来电话说，他们收到大量观众来信和电话，普遍反映节目内容精彩，故事亲切感人，剧中人物毛豆豆、余味成为人们茶余饭后的热门话题。许多观众说：通过收看电视剧了解了中国人的内心世界，很羡慕中国人的生活！虽然两国文化上有差异，但婚姻与家庭是人类共同的主题，希望看到更多这样的电视剧。某店主尼斯·希克斯贝对国际台驻内罗毕记者站记者介绍说：他在商店放了台电视机，每天傍晚电视剧开播时都有许多人来看电视，他的生意也变好了。此外，我国驻坦桑尼使馆做的一项民调反映，90％以上的坦桑尼亚朋友看过并喜欢该剧。继在坦桑尼亚播出成功后，该剧又在肯尼亚、乌干达、布隆迪、科摩罗等非洲其他国家播出，均收到良好效果。

二、CRI 对非传播新探索

目前，国际台已建立了比较齐全的国际传播体系，是全球语种覆盖最多的国际传播媒体。非洲的信息技术发展程度较低，广播因具有覆盖广、传播速度快、接收方便、针对性强、成本低等特点，仍是非洲大陆最主要的传播媒介。国际台在非洲的传播以落地电台为主，在运营、语言、内容和人员四个方面实践本土化探索。运营本土化方面，国际台采用合作运营的方式，实现落地节目的本土化。例如，环球广域传媒集团主要负责国际台在非洲南部调频广播业务、新媒体、视频项目的实施，开展公共外交活动并与当地主流媒体进行项目合作。该集团每天租用当地电台若干小时的节目时段，主要由国际台提供节目素材，在非洲当地招募人员，成立工作室，并在当地制作和播出节目。

语言本土化方面，在撒哈拉以南的非洲地区，大多数国家采用英语、法语、

① 参见《〈媳妇的美好时代〉走进坦桑尼亚》，http://news.cntv.cn/20111125/108840.shtml。

葡萄牙语等作为官方语言，然而民间主要使用斯瓦希里语、豪萨语、约鲁巴语等本土语言。因此，能否采用本土语言进行传播，是中国媒体对非传播本土化的关键。国际台有较好的非通用语传播基础和实力，能使用多种语言对非洲广播，包括斯瓦希里语、豪萨语、茨瓦纳语、英语、法语、阿拉伯语、葡萄牙语等。其中，豪萨语广播于1963年开播，在2011年改版后增加了《魅力中国》《Fatimah故事屋》和《妇女儿童》等多档软性节目，以更加贴近非洲受众的内容和形式来传播"中国内容"。2011年，国际台完成电视剧《媳妇的美好时代》的斯瓦西里语版译制和推广工作。该剧在东非国家的热播引起了非洲和欧洲媒体的关注。其成功的秘诀在于译制使用当地口语，聘请当地配音演员，制作水准高，满足了非洲普通民众的收视需求等。此后，国际台译制的豪萨语版《北京爱情故事》、法语版《媳妇的美好时代》、阿拉伯语版和英语版《金太狼的幸福生活》等电视剧，均在非洲取得了较好的传播效果。

同时，人员的本土化也是对非传播本土化的重要实践，即雇佣当地人员从事制作、传播、运营乃至管理工作。国际台在海外的传播，一般采用"7+3"的人员配置比例，即本土雇员所占比重约70%，在非洲也是如此。近年来，我国媒体加大海外人员的雇佣和管理力度，比如，CCTV-NEWS非洲分台超过140人的团队中，有60%以上是当地雇员，吸引了包括肯尼亚最大电视台KTN的原当家女主播比阿特丽斯·马歇尔(Beatrice Marshall)等一批非洲资深电视媒体人加盟。

案例分析

一、本土化策略在国际传播中的应用

在国际传播中，本土化是实现传播者与受众之间语言转换和文化对接的前提，也是突破传播对象国制度、体制、法律等制约，增强传播效果的有效途径。而实现本土化策略，需要利用公司化的运作模式，公司化运作可以发挥这些优势：第一，在对象国成立本土公司，可以提供一定程度的运营保护，避免意识形态的冲突；第二，本土公司对当地法律和政策更加了解，为节目的生产和传播提供便利；第三，本土公司在当地运作，灵活应变，一定程度上可以减少"远程指挥"带来的时空不便和经济损失；第四，国际台积极与华人媒体公司合作，便于沟通和协作。

二、国际传播中的语言转换

信息传播出去之前，先要进行"编码"——将无形的信息转换成具有一定外

在形式的语言符号,然后接收者再对语言符号进行“解码”,从中获取信息。如果人们要突破时间、空间界限,使信息为不同国家、地域的受众所了解,即形成全球范围内的信息流动,就需要在对信息初次编码的基础上,进行二次编码,即将一种语言转换为另一种语言。所以当中国想要针对非洲国家进行传播,就需要用当地的母语传播,正确传达意义,而不是对中文内容的简单直译。近年来,国际台在将中国内容“改造”为非洲本土内容过程中,充分发挥了语言本土化的优势。如各类电视剧在非洲的成功传播得益于译制使用当地口语,聘请当地配音演员,制作水准高,满足了非洲普通民众的收视需求。

三、国际传播目的之一:产生预期行动

传播者对受众行为的影响主要有两个途径:第一,通过影响受众态度、影响舆论进而影响受众行为。在这种行为影响途径中,行为是态度转变、舆论形成的最终结果。由于这个过程是渐进性的,因此需要经历相当长的时间。第二,直接对受众的行为施加影响。我国对于非洲的传播历史可以追溯到中华人民共和国成立初期,当时国内百废待兴,但国家毅然决定对口支援非洲国家且一直持续到当下。然而非洲受众对于中国的认知仍然处于不完全了解的状态,加上在西方媒体在非洲的传播优势,大部分非洲人对于中国的认知曾经有过负面的影响。随着我国媒体对非传播的不断加强,译制为当地语言的电视剧的播出,相当一部分非洲受众对我国有了新的认知和印象。

相关链接及参考阅读

[1]参见“非洲“百度百科:https://baike. baidu. com/item/%E9%9D%9E%E6%B4%B2/81619? fr=aladdin。

[2]参见“中非关系“百度百科:https://baike. baidu. com/item/%E4%B8%AD%E9%9D%9E%E5%85%B3%E7%B3%BB。

[3]胡智锋、刘俊:《主体·诉求·渠道·类型:四重维度论如何提高中国传媒的国际传播力》,《新闻与传播研究》2013 年第 4 期。

[4]李安山:《论中国对非洲政策的调适与转变》,《西亚非洲》2006 年第 8 期。

[5]王庚年:《顺应时代要求走融合发展之路——中国国际广播电台媒体融合实践》,《中国广播电视学刊》2015 年第 11 期。

[6]张亚楠:《对非广播“传播中国好声音”科学方法探析——以国际台豪萨语广播为例》,《今传媒》2014 年第 11 期。

[7]王魏:《跨文化语境下中国影视译制剧“走出去”的新突破——以影视译制剧在非洲的传播为例》,《中国广播电视学刊》2015 年第 7 期。

[8]龙小农:《从“兄弟”到“命运共同体”——中国建构对非洲话语体系的理念与实践》,《现代传播(中国传媒大学学报)》2016 年第 1 期。

[9]阿幕由:《试析中国在非洲的对外传播》,《中国报业》2016 年第 24 期。

[10]蒋丹彤:《中国当代题材电视剧对外传播的跨文化传播解读——以《媳妇的美好时代》在非洲传播为例》,《现代视听》2014 年第 2 期。

案例7

美洲部分国家:对外杂志,多样发展

案例背景[①]

1776年,美洲诞生第一个西方殖民独立国家——美国。美洲的经济发展很不平衡,除美国和加拿大是经济发达的国家以外,其他大部分(除古巴外)是资本主义性质的发展中国家。美国是一个高度发达的资本主义国家,在两次世界大战中,美国和其他盟国取得胜利,经历数十年的冷战,在苏联解体后,成为目前唯一的超级大国,在经济、文化、工业等领域都处于全世界的领先地位。

1978年12月16日,中美两国发表了《中华人民共和国和美利坚合众国关于建立外交关系的联合公报》。1979年1月1日,两国正式建立大使级外交关系。2009年4月,在胡锦涛与美国总统奥巴马的首次会晤中,双方一致同意共同努力建设21世纪积极合作全面的中美关系。2013年12月,应李源潮副主席邀请,美国副总统拜登对中国进行正式访问。习近平主席、李克强总理、李源潮副主席与拜登就中美关系和其他共同关心的重大问题交换了意见,双方就中美加强对话、交流、合作,努力推进中美新型大国关系建设达成重要共识。

案例内容

《今日中国》是中华人民共和国成立后最早的一批多文种综合性对外月刊之一,由孙中山先生夫人、国家副主席宋庆龄创办于1952年,后逐渐由英文版发展成同时拥有中文、法文、西班牙文、阿拉伯文、土耳其文、德文等多种文版的杂志,被外国读者称为了解中国的"窗口"。

---

① 参见"美国"百度百科:https://baike.baidu.com/item/%E7%BE%8E%E5%9B%BD/125486#13_2。

如今,《今日中国》杂志社在美洲地区已形成英文北美版、西文墨西哥版、秘鲁版两种语言的三个版本。2004 年 10 月,《今日中国》拉美分社在墨西哥首都墨西哥城挂牌成立,并辐射整个拉美地区,实现了期刊编辑和印刷出版向对象国迁移,迈出了对外宣传工作在对象国落地的第一步,也是对“外宣三贴近原则”的实践——即贴近中国发展的实际,贴近国外受众对中国的信息需求,贴近国外受众的思维习惯。经过十几年的发展,《今日中国》的本土化发展在创新期刊运作方式的基础上,还加强了与国外有影响力、有市场运作能力的媒体的合作,一步步地开拓了国际市场。2010 年 1 月,《今日中国》秘鲁版在秘鲁首都利马正式出版,时任总统的加西亚为期刊题词,第一副总统亲自在创刊号上撰写文章。《今日中国》西文版在商业发行的基础上,积极建设自办发行,成功覆盖了墨西哥境内全部 32 个州、58 个机场,以及报刊亭、书店、超市等场所,还登上了墨西哥航空公司的中国航线。这与之前西文版在墨西哥直接发行只有 14 本的情况相比,实现了跨越性的发展。杂志还突破了“禁区”,从 2007 年起先后同哥伦比亚、厄瓜多尔等国代理商签署了发行合同,同时陆续在与我国尚未建交的巴拿马、萨尔瓦多、危地马拉和海地等国建立发行点,从此《今日中国》批量打入中美洲、加勒比全部未建交国家,实现了区域性覆盖。

《今日中国》与当地新闻机构建立了密切的合作关系,拉美分社与墨西哥国家通讯社、秘鲁安第斯通讯社先后建立了战略合作关系,使合作伙伴不仅大量地转载《今日中国》刊登的中国信息,还反馈对中国信息的有关舆情。作为唯一被接纳为“本土刊物”的外国出版物,《今日中国》西文版被邀请加入墨西哥头版俱乐部,并被列为墨西哥总统府的固定联络媒体。拉美分社也成为了中拉民间交往的友好使者。分社通过接受采访、在学校开办讲座、与墨西哥政府部门和研究机构建立合作关系,配合国家重大外宣活动,成为中国声音在海外传播的有力渠道。2010 年 9 月墨西哥独立 200 周年之际,《今日中国》拉美分社出版纪念专刊,两国政府、外交、学术、企业等各界著名人士积极为专刊撰稿。墨西哥外交部、经济部和文化部等 5 位部长发来亲笔签名贺信。2012 年 3 月,今日中国杂志社与中国驻墨西哥大使馆、墨西哥驻华大使馆联合举办的《携手共进——纪念中国、墨西哥建交 40 周年》画册首发式在墨西哥首都墨西哥城举办,并得到墨方官员的高度评价。

案例分析

一、国际传播受众分类

受众不是抽象的概念，而是彼此间有着很大差异（包括个人差异和社会性差异）的群体。国际传播受众因其广泛性、复杂性、多样性的特征而显现出更大的差异。为了认识这些差异，提供对应性的传播策略与方法，就必须对受众进行分类研究。从不同的角度出发，根据不同的标准，可以将国际传播受众划分为不同的类型：从受众对传播者的重要程度出发，可以将国际传播的受众划分为重点受众、次重点受众和一般受众；从受众对传播者的态度出发，可以将国际传播受众划分为顺意受众、逆意受众和中立受众；从受众行为的发展过程出发，可以将国际传播受众划分为潜在受众、知晓受众和行动受众。在国际传播中，以上三类受众存在的情况有两种：一种是三类受众同时存在，呈并列形态；另一种是三类受众依次出现，呈梯级形态。

中国的改革开放曾受到西方国家的质疑，"中国崛起论""中国威胁论""中国崩溃论"此起彼伏。但是，经过20几年的和平发展及持续不断的外交努力和外宣配合，我国的国家形象逐渐得到改善，外界的误解与偏见也在逐渐减少。目前，除了西方少数敌对势力外，绝大多数人都慢慢了解到，中国是一个和平发展的国家，有着巨大的市场潜力和日益完善的内部环境，是世界上最好的投资场所之一。除了《今日中国》英文版对北美的不懈努力，传播积极正面的中国形象外，针对拉美地区大量的中立国家和潜在受众，《今日中国》也进行了本土化的探索。虽然拉美地区多为西语国家，但各个国家之间的语法体系又有差别。因此杂志社开办了西语的墨西哥版和秘鲁版针对对象国进行传播，选题策划本土化，知道读者最想"读什么"。通过对对象国舆情的研究，《今日中国》充分了解了对象国对中国信息的需求，帮助国内编辑部分析外国读者的阅读和思维习惯，在选题策划过程中兼顾我们要"说什么"和读者要"读什么"的要求，并根据读者意见不断改进文风，使刊物更具时效性、针对性和可读性。为了使报道深入人心，分社还聘请了当地的资深新闻工作者、中国问题专家、政府官员作为顾问参与杂志的选题策划，约请当地主流媒体记者为杂志撰稿，强化中国声音。

二、受众多样性

国际传播面对的受众群体以及传播环境的多样性更加突出。这种多样性具体表现在：首先，国际传播的受众不但包括一般公众，也包括各国政府（或对象国政府）。受国际政治、经济格局的影响，国与国之间的关系状态十分复杂，既有友好国家、结盟国家、战略伙伴关系国家，也有敌对国家、交战国家或中立国家。随着国际政治、经济格局的调整、变化，国与国之间的关系状态也会相应地发生变化。而国家之间的利益格局和关系状态，在很大程度上影响着各国对彼此传播的信息内容的解读：友好国家、结盟国家是一种解读方式，敌对国家是一种解读方式，中立国家又是另外一种解读方式。这就使传播主体国发出的同一个信息有了多样化的认知和呈现。《今日中国》在拉美地区的多样化发展便是针对受众多样性特点的表现。

相关链接及参考阅读

[1]参见“美国”百度百科：https://baike.baidu.com/item/%E7%BE%8E%E5%9B%BD/125486#13_2。

[2]郭镇之、冯若谷：《“软权力”与“巧用力”：国际传播的战略思考》，《现代传播》2015 年第 10 期。

[3]安东尼·吉登斯：《“全球化”的意义，载陈韬文等编：〈与国际传播学大师对话〉》，中国人民大学出版社 2011 年。

[4]安薪竹：《期刊本土化出版的探索与挑战—以〈今日中国〉为例》，《新闻世界》2015 年第 5 期。

[5]叶皓：《公共外交与国际传播》，《现代传播(中国传媒大学学报)》2012 年第 6 期。

[6]李金铨：《在地经验，全球视野：国际传播研究的文化性》，《开放时代》2014 年第 2 期。

[7]姜飞：《跨文化传播研究的思想地图与中国国际传播规划的转向》，《暨南学报(哲学社会科学版)》2016 年第 1 期。

国际传播效果篇

传播效果，是指传播者所传信息在受传者那里产生的有效结果。传播效果研究主要有两方面：其一是对个人效果产生的微观过程分析；其二是对社会效果产生的宏观过程分析。在国际传播中，我们力图通过多元主体、多种渠道对外呈现出一个真实、立体、丰富的中国，为国际社会的发展贡献中国方案和中国智慧，为我国营造良好的国际舆论。本篇选择的是国内外知名的调研机构、高校、媒体等组织机构有关对华态度、中国国家形象及中国媒体印象等的调研活动，从部分视角呈现我国近几年国际传播的效果。

案例 1

美国对华态度的调查研究

案例内容[①]

上海交通大学人文艺术研究院和美国杜克大学中国研究中心于 2010 年联合组织了《美国对华态度的调查研究》，该调研是中国学术界首次在美国全境范围内开展调研，希望借此评估美国公众对中国的态度。调查的实施委托美国最具影响力的印第安那大学调查研究中心来进行，并由研究人员进行最终的数据处理和分析，这样既保证了与同类实证研究相同的国际规范性，使数据能更真实、客观地反映中国国家形象的实际状况，同时又从经济、政治、文化与价值观、传媒呈现等多维度进行考察，力图由此勾勒出影响当前美国民众看待中国的“全景”。

基于大众媒体和人际传播对美国民众中国观形成的影响，研究构建 4 个基本假设：假设一：媒介（报刊、电视、广播和网络）的接触频率会影响美国人对华好感度；假设二：电视媒体的党派属性会影响美国人对华好感度；假设三：媒介（报刊、电视、广播和网络）的传播形式会影响美国人对华好感度；假设四：人际传播的频率即是否来过中国会影响美国人对华好感度。

媒体和信息来源的解释变量主要有以下：(1)美国人信息获取渠道包括信息获取的频率：“您有一周 7 天，一周 5～6 天，一周 3～4 天，一周 1～2 天，一周少于 1 天，还是从不看报纸、看电视、听广播和浏览网站呢？”(2)过去一周获取的中国方面消息：“在过去的一周里，您有通过报纸（含网络版）、广播、电视、浏览网站获知有关中国的新闻吗？(3)对新闻的信任程度：“您在多大程度上相信媒体公正地播报新闻？”(4)对中国信息偏好：“您对有关中国的新闻有多大兴

① 参见徐剑、刘康、韩瑞霞、曹永荣：《媒介接触下的国家形象构建——基于美国人对华态度的实证调研分析》，《新闻与传播研究》2011 年第 6 期。

趣?”(5)“在获得国内和国际新闻时,通常哪两大电视台是您最经常收看的呢(输入电视台名称)?”

人口统计学资料方面的解释变量主要有以下:(1)性别。(2)年收入水平。(3)民族。(4)党派:“一般而言,您觉得自己是民主党人士,还是无党派人士?”(5)政治倾向:“一般而言,您觉得自己是自由主义者、保守主义者,还是温和派?”

本次调查共回收有效样本 810 份,其中男性占 49.6%,女性占 49.9%,白人占 84.48%、黑人/非裔占 5.8%,其他族裔占 9.8%,表现出本次调查样本分布的广泛性和多样性。

美国民众接触各种媒体和通过各种渠道接触中国新闻的频率如下:48.1%的美国民众一周有 5～7 天阅读报纸,32.2%的一周有 2～4 天阅读报纸,19.3%一周只有一天或从来不看报纸;62.3%的美国民众一周有 5～7 天收看电视,27.9%的一周有 2～4 天收看电视,9.4%一周只有一天或从来不看电视;37.9%的美国民众一周有 5～7 天收听广播,27.9%的一周有 2～4 天收听广播,9.4%一周只有一天或从来不听广播;35.9%的美国民众一周有 5～7 天浏览网站,27.5%的一周有 2～4 天浏览网站,36.0%一周只有一天或从来不上网站。24.6%的美国民众最近有通过报纸(含网络版),24.2%的通过收听广播,14.7%通过看电视,15.9%通过浏览网站获知有关中国的新闻。7.9%的美国民众到过中国大陆。

控制了性别、年龄、婚姻状况、党派、政治倾向、人种、教育程度和收入等变量后,针对前面提出的 4 个假设,研究发现:(1)电视的接触频率会显著影响美国人对华好感度,其他媒体的接触频率不显著;(2)电视媒体的党派属性不会影响美国人对华好感度;(3)媒介的传播形式会影响美国人对华好感度;(4)“造访过”中国的美国民众显著对中国有好感。

案例分析

从以上报告调研的结果可知,媒介的接触频率,主要是生动、形象的电视媒体接触频率会影响美国民众对中国的评价和感知,与此同时,对网络、报纸和广播的接触频率并没有显著影响到美国民众的对华感知和态度。也就是说,对不同的媒介传播形式的接触及频率在美国民众对华态度的形成中作用不同。这也间接证明媒介所塑造的“拟态环境”就个体对事物的看法会产生影响,同时也说明针对不同议题不同媒介所具备的影响效能存在差异。

进一步来看,对电视接触频率低的民众反而要比对电视接触频率高的民众对中国的好感度高,这一数据说明电视媒介在“美国人眼中的中国观”影响方面更多地承担着一种负面引导的功能，联系美国 CNN、福克斯等电视媒体在“新疆 7·5 事件”及“西藏 3·14 事件”中的报道倾向，我们就不难理解电视媒体在“妖魔化中国”中所存在的重要作用。而在电视的党派政治属性上，接触不同政治倾向的电视媒体并不会造成美国民众关于中国观的差异，其间接说明了美国电视媒体在对华报道上并不存在其在报道国内新闻时表现出的明显党派差异，由此反映出美国民主政治的多元性仅体现在美国国内政策的选择事务上，而在对外事务尤其是对华态度上并无“左”“右”之分，集中体现的是美国与中国国家利益的竞争和冲突。①

以“造访过”中国的美国民众显著对中国有好感这一结论为例，只通过其国内媒介传递的有关中国的消息来了解中国的美国民众，会因为国家利益冲突的原因，在其媒介上无法了解中国的完整真实面貌，尤其当有重大事件发生时，美国媒体的报道角度、立场很难真正做到公正客观，往往从批评、审视的立场来洞察事件，而使用这类媒体的美国民众对中国的好感度也很难增强。

如何改善中国对外的国家形象？以中东欧国家对象为例，在新闻传播领域中，即通过新闻、出版、无线电广播以及网络等方式，展示中国改革开放的成就，提升中国的国家形象，增进中东欧国家公众对中国的真实认知。中国国际广播电台及国际在线网站，目前使用捷克语、塞尔维亚语、罗马尼亚语、阿尔巴尼亚语、保加利亚语、匈牙利语、波兰语等 7 种语言对中东欧国家进行传播，成为向中东欧国家宣传展示中国的窗口。在外宣“走出去”的同时，也没有忽视“引进来”的重要作用。② 在西方国家中构建我国国家形象首先要扭转由西方媒体塑造的“中国威胁论”的妖魔化中国形象。从新闻传播的具体手段来看，要建立海外的官方媒体，发出自己的声音，增加海外用户接触我方媒介的可能性。官方发布真实可靠的信息，使外国用户可以通过我国官方渠道来了解中国，而不是从西方媒体的报道中拼凑出对中国的印象，令外国用户在使用我国媒体时感到愉悦并获得满足。

相关链接及参考阅读

[1]《“一带”建设与跨文化传播》，http://blog. sina. com. cn/s/blog_4a5940370102wsxj. html。

[2]《2015 年受众媒介接触习惯调查报告》，http://guoqing. china. com. cn/2017－03/

① 参见徐剑、刘康、韩瑞霞、曹永荣：《媒介接触下的国家形象构建——基于美国人对华态度的实证调研分析》，《新闻与传播研究》2011 年第 6 期。

② 参见《中国如何改善在中东欧的国家形象》，http://news. sina. com. cn/c/2014－01－03/080329148331. shtml。

01/content_40382334. htm。

[3]《跨文化传播的基本理论命题》,http://www. cssn. cn/xwcbx/xwcbx_cbx/201403/t20140311_1025022. shtml。

[4]《自媒体时代国际传播的新挑战》,http://www. ccdy. cn/xinwen/pinglun/201601/t20160107_1178198. htm。

[5]《"中国方案"是构建全球传播新秩序的有效机制》,http://news. youth. cn/gn/201704/t20170419_9526828. htm。

[6]刘康:《全球传媒与中国国家形象》,《新闻与传播研究》2009 年第 6 期。

[7]孟建:《2010 上海世博会"中国国家形象建构"分析——基于视觉文化传播理论的世博诠释(上)》,《现代传播》2011 年第 2 期。

[8]黄旦:《传者图像:新闻专业主义的建构与消解》,复旦大学出版社 2005 年版。

[9]Shear on A. Low ery, Melvin L. De Fleur:《传播研究里程碑》,王嵩音译,台湾远流出版公司 1993 年版。

[10][美]罗杰思:《传播学史》,殷小蓉译,上海译文出版社 2002 年版。

[11]王安然:《好莱坞电影与国家形象传播关系研究》,《传播与版权》2016 年第 9 期。

[12]贺心颖:《2011 年〈中国国家形象片〉传播效果研究——以在京留学生对中国国家形象认知调查为例》,《文化与传播》2013 年第 1 期。

[13]徐剑、刘康、韩瑞霞、曹永荣:《媒介接触下的国家形象构建——基于美国人对华态度的实证调研分析》,《新闻与传播研究》2011 年第 6 期。

[14]唐炫:《我国受众调研发展趋势分析》,《湖南大众传播职业技术学院学报》2003 年第 1 期。

案例 2

从盖洛普民调看美国民众中的中国形象变迁

案例内容[①]

盖洛普民意调查(the Gallup Poll)是盖洛普公司的项目之一,在美国本土及全球140多个国家和地区中收集民意数据,在近80年的时间里,盖洛普民意调查用科学方法测量和分析民众以及选民的意见、态度和行为,取得卓越的成绩,被公认具有权威性和公信力,处于全球领先地位。

本研究所分析的盖洛普民调都是针对美国民众进行的。具体的实施方法都是相似的,即采用电话(包括住宅固话和手机)调查的方式,通过随机抽样,对生活在美国50个州以及哥伦比亚特区的18岁及以上的成年人进行访问,每次调查访问的样本量都在1500人左右。同时为保证调查样本的代表性,数据分析时会对数据进行加权,使得样本结构在性别、年龄、种族、是否西班牙族裔、受教育程度、所处地区、人口密度等方面与总体保持一致。总的说来,盖洛普民调的结果在95%的置信度下,误差水平不超过3%。

一、美国民众对中国的评价

在盖洛普民调中,问及对中国的评价时,采用的是四个等级的测量:Very favorable,Mostly favorable 以及 Mostly unfavorable,Very unfavorable。本文中把 favorable 和 unfavorable 分别译为正面评价和负面评价。

从美国民众对中国的评价来看,呈两极分化状态,最近的一次调查是在2014年2月6~9日进行的,结果显示,对中国评价为负面的比例为53%,而

① 参见肖明、易红发、寇娇、彭继春:《从盖洛普民调看美国民众中的中国形象变迁》,载《2014 中国传播论坛:"国际话语体系与国际传播能力建设"研讨会会议论文集》,2017年2月14日。

对中国评价位正面的比例为43%。

二、美国民众对中美关系的评价

从2000年开始,盖洛普民调开始询问民众对中美关系的看法。2000年,美国民众认为中国是美国的伙伴(ally)或者友好(friendly)关系的比例为51%,而认为中国是美国的敌人(enemy)或者不友好(unfriendly)关系的比例为43%。2001年中美撞机事件的发生,使得美国民众认为中国是伙伴/友好关系的比例降到了最低,仅为27%。2002年以后,认为中国是美国的伙伴/友好关系的比例一直在50%以上,2006年4月胡锦涛访美,使得美国民众认为中国是美国的伙伴/友好关系的比例达到了最高点60%。

总的来看,美国民众对中美关系的评价相对稳定,2013年盖洛普民调中认为中美关系是伙伴/友好关系的比例高于认为中美关系是不友好/敌人的比例15个百分点。

三、美国民众对中国经济的认识

美国民众对中国还存在着一些错误的认识,最大的错误认识就是,从2008年开始,美国人就认为中国是世界上最大的经济体。2000年时,有10%的美国民众认为中国是世界上最大的经济体,排在美国和日本之后;到了2002年,在美国民众心目中,中国就已经取代日本成为世界第二大经济体了;从2008年起,美国民众就开始认为中国是世界第一大经济体了。实际上,美国一直是世界上最大的经济体,而中国是在2010年经济总量超过日本,成为世界第二大经济体。但考虑到中国的人口众多,人均GDP排在全球100名左右,另外中国经济发展的质量方面,无论是人民的生活质量还是在科技发展、环保领域,中国与美国的差距都还非常大。

四、美国民意结果对中国国际传播的启示

从议程设置理论来看,对于异国形象这类议题,普通民众是通过大众媒介来形成自己的认识的。许多研究都已经表明,美国大众媒介中所呈现的中国形象负面多于正面。盖洛普民调的结果也验证了这一点。2011年底的调查表明,通过新闻来了解中国的人,对中国的评价更加负面,依赖新闻来评价中国的人有54%是负面印象,而不依赖新闻的人中有35%对中国有负面印象。

从盖洛普民调结果来看,中美两国领导人的高层互访会吸引媒介注意,重大突发事件会使短时间集聚大量关于中国的报道,会影响美国民众对中国的看法。

案例分析

2017年2月24日，全球知名民调和管理咨询机构盖洛普发布的最新调查报告指出，美国人近年来对中国的看法更加积极，目前有50%的人表示对中国有好感，创下近30年来的最高纪录。尽管在美国党派分歧严重，但过去一年间美国民众对中国好感度增加了6个百分点，且同时来自两个党派。虽然共和党人对中国的看法仍偏负面，但好感度也比去年增加了10个百分点。

盖洛普认为，美中关系从来不会一帆风顺。这一民调结果或许有助于让新的美国政府明白，民众目前对中国看法相对积极，因此不大会接受对美中关系采取强硬政策。[①]

华中科技大学国家传播战略协同创新中心主任、新闻与信息传播学院院长张昆教授指出，对中美民众文化交流与国家印象民意调查数据的分析和解读能加强我国国际传播的现实针对性，积累两国国家关系领域的基础数据。通过对两国民众文化交流和国家印象的长时间考察，能够帮助我们认识和理解两国关于对方国家民意的变迁轨迹。[②]

国家形象作为国家软实力的重要组成部分，尤其在主流媒体的报道中占据重要地位。无论是从盖洛普的民调数据还是皮尤中心的调查结果中都可以看出我国的国际形象有所提升，但仍不尽如人意。上海外国语大学中国国际舆情研究中心主任、新闻传播学院院长郭可指出："我们当前面临的挑战是一些西方媒体塑造的中国形象问题、真实国家形象与媒体国家形象之间存在的问题、我们国家期望产生的效果和实际产生的效果之间存在的问题等。"[③]

从盖洛普的民调结果来看，美国民众对中国经济的发展情况存在误解，认为中国军事力量的强大会对美国的安全造成威胁。此外，美国民众对于中国的评价呈现差异较大的两极分化状态，其中负面评价略多于正面评价，但美国民众对中美关系的评价总体呈现相对稳定的情况。CNBC[④]曾报道全球民调机构益普索在2017年夏天对全球25国民众进行过的民意调查，其结果显示美国正逐渐失去国际舞台的正面形象，而对中国持有正面看法的民众已经超越美国，此项调查与皮尤6月份的全球民调相呼应，都显示出中国人的形象在提升，外

① 参见《盖洛普民调：半数美国人对中国有好感创近三十年最高纪录》，http://www.chinanews.com/gj/2017/02-25/8159277.shtml。

② 参见《智库发布|中美民众高度认同双方的世界大国形象，但中国民众对本国领导人评价显著高于美国》，http://news.xinhuanet.com/local/2016-11/30/c_129385072.htm? from=singlemessage。

③ 李怡清：《正在改变的中国国家形象：科技形象成亮点，中国制造是名片》，http://www.thepaper.cn/newsDetail_forward_1702432。

④ CNBC是美国NBC环球集团持有的全球性财经有线电视卫星新视台。

国民众对中国人的印象在改善。

基于以上调查结果，我们看到中国快速后带来的形象提升与地位改变。但我们也不能懈怠，尤其是在国际传播方面仍有许多任务亟待完成。中国的媒体，尤其是影响力大的主流媒体，应该学会讲中国故事，从国际传播的边缘走入中心，与他国媒体形成联动。在中国人民大学新闻学院院长、国务院新闻办公室原主任赵启正看来，中国媒体需要将宣传与公共外交分开，要学会讲故事。“中国国家形象的塑造，离不开公共外交。而公共外交，就是讲故事。”①

相关链接及参考阅读

[1]《国家形象报告：中国为全球贡献多少就业机会?》，http://news. china. com/domesticgd/10000159/20171021/31591996. html。

[2]《美国华人荧幕形象历经变迁刻板化印象仍未摆脱》，http://www. chinanews. com/hr/2015/02－04/7034312. shtml。

[3]《美剧偏爱中国元素：中国人形象这些年变化几何?》，http://culture. china. com/art/screen/11170651/20150916/20398972. html。

[4]《美国媒体拍纪录片关注中国国新办推动》，http://news. haiwainet. cn/n/2015/0406/c3541086－28603204. html。

[5]《美国华盛顿街头闪亮“中国元素”令人瞩目》，http://sd. china. com. cn/a/2015/syjdt_0921/356454. html。

[6]熊志勇：《中美建交以来美国民意对中国认识的分析》，《国际论坛》2010 年第 5 期。

[7]刘继南、何辉等：《中国形象：中国国家形象的国际传播现状与对策》，中国传媒大学出版社 2006 年版。

[8]陈寒溪：《美国媒体如何“塑造”中国形象：以“中美撞机事件”为例》，《国际新闻界》2001 年第 3 期。

[9]周宁：《跨文化形象学的观念与方法——以西方的中国形象研究为例》，《东南学术》2011 年第 5 期。

[10]张爱凤：《媒介变迁与中国国家形象的嬗变》，《南京社会科学》2011 年第 11 期。

[11]麦尚文：《新时期中国典型人物“媒介形象”的变迁与突破》，《新闻大学》2006 年第 2 期。

① 李怡清：《正在改变的中国国家形象：科技形象成亮点，中国制造是名片》，http://www. thepaper. cn/newsDetail_forward_1702432。

案例 3

皮尤全球调查：周边国家民众对华认知

案例概况[①]

作为国际知名民调机构，美国皮尤研究中心"全球态度调查项目"(Pew Global Attitudes Project)自 2006 年以来在全球范围内实施有关美国国际形象的调查，并从 2008 年起，将受访国家对中国的评价作为其重要内容之一。以下为重点分析了 2012、2013、2014 年皮尤全球调查报告后所得出的相关结论。

一、皮尤调查对周边国家对话认知议题的关注度逐年提高

自 2012～2014 年，美国皮尤全球调查不仅在中国周边国家调查范围上逐年扩大(从 4 国 8 国再到 11 国)，而且在调查问题的设计上更加深入、广泛，反映出美国皮尤研究中心在美国重返亚太的战略背景下，试图更多地了解周边国家民众对中国的看法、中美在周边国家影响力的比较等内容，从而更好地为美国政府处理和制定外交政策提供参考。

从调查内容看，在 2012 年调查中，仅涉及对中国国家形象和对中国经济影响力的评价；而到 2013 年，美国皮尤研究中心在年度综合调查中重点针对周边多国民众对中国好感度评价、对中国是"合作伙伴"还是"敌人"的态度、中国是否会尊重本国的利益等进行了调查，在最后，还就"同中国的领土争端是否是一个严重问题"和"对中国日益增长的军事实力的看法"在周边 7 国(俄罗斯除外)进行了调查。2014 年，皮尤民调报告中更是专设一章调查亚太各国如何看待彼此，对亚太受访国家民众的相互认知进行分析，内容包括亚洲各国民众如何评

① 参见翟慧霞：《皮尤调查特点及国际舆论引导——以近三年美国皮尤全球调查"周边国家民众对华认知"为例》，《对外传播》2015 年第 1 期。

价中国、印度、巴基斯坦、日本和美国，哪个国家是本国最大的盟友和敌人，周边邻国对与中国海洋、领土冲突的担忧程度，以及对日本领导人的评价等五部分，并专门就周边国家对中美经济影响力的看法发表了专题评论。

二、调查结果:周边国家对华好感度呈两极分化趋势

对2012～2014年的皮尤全球调查报告中有关周边国家民众对中国认知部分进行梳理，可以发现，皮尤对于周边国家民众对华认知的内容主要包含对中国好感度的评价、对中国经济与军事实力增长的看法等方面；与其他国家对华认知的调查内容不同，自2013年起，在对周边国家的调查中专门增加了周边国家同中国领土争端的看法以及周边国家对中美两国的评价。而调查结果则显示出周边国家对华好感度呈现出两极分化趋势，部分周边国家对中国“经济依赖、安全防范”的两面心理持续存在。

1. 从国别上看，受访周边国家对中国好感度的国别差异性持续凸显；日本民众对中国的不信任感持续走低。

2012年接受调查的4个周边国家在对华态度上呈现出鲜明的国别差异:巴基斯坦与俄罗斯民众对中国认知较为积极，平均73.5%的受访民众对中国持积极正面看法；而日本、印度则是对中国认知最为负面的国家，平均仅有19%的受访者对中国抱有好感。

2013年所调查的8个周边国家中，除日本、韩国、菲律宾外，其他5国受访民众对中国持积极评价的比例都超过50%；其中，西亚地区和巴基斯坦更是高达81%，是所有38个受访对象中(不含中国)对中国持好感度比例最高的地区和国家；但与此同时，对中国认知最为负面的国家也位于中国的周边国家中——日本，仅有5%的受访民众对中国持有正面看法。

2014年，有11个亚洲国家参与调查，其中日本和越南是对华好感度最低的两个周边国家，也是在43个调查国家中(不含中国)对华认知最不积极的两个国家。对中国好感度最高的巴基斯坦(78%)与对中国好感度最低的日本(7%)受访者比例相差71%。

2. 从内容上看，周边国家民众一方面对中国经济发展实力抱有更多认可，而另一方面又将中国视为本国面临的主要安全威胁。

2012年的调查显示，中国第一次被认为超越美国成为世界经济领头羊，在周边国家中，俄罗斯民众将“世界领先经济体”的称号送给了中国，尽管日本民众对中国的好感度不高(只有15%)，但却有5%的日本受访者对中国的经济实力予以认可，与选择美国的比例相当。在2013年的调查中，在“中国是合作伙伴还是敌人”这一问题中，只有菲律宾和日本视中国为敌人。2014年的调查显

示，我周边国民众的普遍看法是中国经济增长对亚太地区的其他国家有帮助。仅有越南、印度、菲律宾认为中国经济增长对本国是一件“坏事”。

调查显示出周边国家从中国的经济发展中获益，认可中国的经济影响力，但同时又对中国的快速崛起感到警觉和不安。2013 年，在认为“本国与中国的领土争端对本国是个严重问题”的比重选择上，在韩国、日本、菲律宾、印度尼西亚、马来西亚分别为 77%、82%、90%、62%和 36%。2014 年，有一半以上的民众担心中国与邻国间的领土将导致军事冲突。此外，在针对亚洲受访国民众的“哪个国家是最大威胁”调查中，越南（74%）、日本（68%）和菲律宾（58%）的多数受访民众将中国视为威胁。

案例分析

对于皮尤民调中有关周边国家民众的对华认知，我们一方面要认清民调背后隐含的内容，对其局限性保持清醒的认识。同时，也要重视其参考价值，为加强我国同周边国家的关系提供有益的参考，并着力提升我国民调机构的国际影响力，增强我国际话语权。

从以上的调查可得出以下几点：首先，皮尤调查对周边国家民众对华认知的日益重视从侧面反映出西方国家对中国影响力不断增强的关注和焦虑。其次，皮尤调查有一定的美国利益倾向性，是新时期美国引导国际舆论的重要手段。最后，有效利用皮尤调查数据，提升我国对周边国家的传播能力；打造权威民调报告，增强我国国际话语权。[①]

此外，抛开本篇的调研结论，皮尤研究中心一直致力于研究美国的国际形象和影响力的变化发展，但作为美国的调研机构，其关注点必然围绕着美国及与美国发展息息相关的国家中。所以上面也曾提到过，皮尤的调研报告是具有一定美国利益的倾向性的，但我们仍然可以借鉴皮尤的全球民意测验看出全球人民对我国的认知、态度变化。

李普曼提出过两个知名的经典概念——“拟态环境”与“刻板印象”，而这两个理论至今仍适用于描述国际传播中国家形象的塑造。人们在头脑中形成了对真实世界印象的局限性，而这种刻板的印象一旦形成，改变就很艰难、很缓慢。随着中国经济快速平稳的发展，中国的周边国家以及一些发达国家看待中国的心理开始变得复杂，他们开始担忧中国的发展会成为本国发展的阻碍。一些西方媒体会刻意放大渲染周边国家对中国快速发展的担忧，制造紧张气氛。实际上，皮尤等大型国际调研机构会联合智库、大众媒介、公关公司等其他机构

① 参见翟慧霞：《皮尤调查特点及国际舆论引导——以近三年美国皮尤全球调查“周边国家民众对华认知”为例》，《对外传播》，2015 年第 1 期。

深入合作，向外潜移默化地输出美国的外交政策，传递美国的意识形态理念，企图于无声处控制别国民众的心理、思想，这是一种隐匿化的意见领袖，如同看不见的手默默操纵。

虽然这类民调具有这些局限性，但我们不能否认其调查过程和调查方法是比较客观的，其操作可谓是专业甚至权威的，所以民意调查依然是获取民众对某一问题看法的相对科学的手段，尤其是由皮尤研究中心这类在国际具有高认可度的老牌专业研究机构所进行的民调，更具有说服力。因此，我们要正确看待民调结果，厘清民调中中国形象国际传播中存在的问题，并针对外国民众的认知、满意度制定随后的国际传播战略。

一直以来，国际媒体都聚焦于我国的人权、环保、环境、产品安全等问题，每次事件一发生都会第一时间成为全球媒介的焦点。所以经过一段时间后，国外民众会对中国产生抵触情绪，固化他们的原有认知，阻碍他们对中国形成新的、正确的认知。

无论是皮尤的调查，还是中国人自己的调查，结果所反映的都是一个某种客观的侧面，是对问题的某种程度的揭示。所以，一方面，中国必须改变对外宣传的思路，按照国际上通用的方式说话，形式可以是多样的，关键是传达的声音。另一方面，海外华人及其社团、对外传播机构等，要从舆论造势、跨文化传播和交流等多角度，加强与世界的对话，把真实的中国推向世界。①

相关链接及参考阅读

[1]《国家形象传播范式辨析》，http://lib.cqvip.com/read/detail.aspx? ID=662851472。

[2]《国家意识与国际传播》，http://lib.cqvip.com/read/detail.aspx? ID=664126051。

[3]《国际舆论中的中国国家形象》，http://dangjian.people.com.cn/GB/17757568.html。

[4]《以社会科学方法研究国际传播效果》，http://lib.cqvip.com/read/detail.aspx? ID=671189542。

[5]《中美关系新时代国际传播的四种意识》，http://lib.cqvip.com/read/detail.aspx? ID=671329496。

[6]李普曼：《公众舆论》，阎克文、江红译，上海世纪出版集团、上海人民出版社 2006 年版。

[7]郭庆光：《传播学教程》，中国人民大学出版社 2003 年版。

[8]段连城：《对外传播学初探》，五洲传播出版社 2004 年版。

① 参见翟石磊、李川：《皮尤关于中国国家形象调查结果的跨文化解读》，《宁波广播电视大学学报》2009 年第 4 期。

[9][法]马特拉著:《陈卫星译.世界传播与文化霸权》,中央编译出版社 2005 年版。

[10][美]凯瑞:《作为文化的传播》,丁未译,华夏出版社 2005 年版。

[11]蒋玉鼐:《新媒体对外传播中的国家领导人形象塑造——以 2015 年新华社、〈人民日报〉、央视的推特报道为例》,《对外传播》2016 年第 4 期。

[12]钟新、潘亚楠:《中国国家形象十年回顾:基于多家权威调查的分析》,载《首届国家传播学高层论坛:全球修辞学会会议论文集》2016 年。

[13]郭存海:《中国的国家形象构建:拉美的视角》,《拉丁美洲研究》2016 年第 5 期。

案例 4

中国国家形象全球调查报告

案例概况[①]

2016 年 1～3 月，中国外文局对外传播研究中心与华通明略、Lightspeed GMI 合作开展了第四次中国国家形象全球调查。本次调查首次覆盖了 G20 的 19 个成员国(欧盟除外)，涵盖亚洲(中国、日本、韩国、印度、印度尼西亚、沙特阿拉伯)、欧洲(英国、法国、德国、意大利、俄罗斯、土耳其)、北美洲(美国、加拿大、墨西哥)、南美洲(巴西、阿根廷)、大洋洲(澳大利亚)、非洲(南非)等不同区域的公民。访问样本共计 9500 个，每个国家 500 个样本。本次调查遵循定量的研究方法，受访者样本覆盖 18～65 岁的当地居民，男女比例各占一半。

本次调查有以下主要发现：中国整体形象稳步提升；中国经济的国际影响力位居世界第二；海外受访者最为期待中国在经济和科技领域的全球治理中发挥更大作用；中国科技创新能力广受好评，高铁被认为是最突出科技成就；海外受访者来华意愿上升，北京、上海、香港成为首选城市。具体包括：

一、国家整体形象及影响力

1. 中国整体形象稳中有升，其中年轻群体对中国有更好的印象。
2. 中国对国际事务的影响力在所有国家中位居第二。

二、中国国家与国民形象

1. 历史悠久、充满魅力的东方大国是中国最突出的国家形象。相比发达国

---

① 参见中国外文局对外传播研究中心传播战略研究室：《中国国家形象全球调查报告》，http://dec.bjreview.com/file/2015－CHINA－NATIONAL_IMAGE_GLOBAL_SURVEY.pdfo。

家，发展中国家对中国的形象更为积极。

2. 勤劳敬业成为最突出的中国国民形象。

3. 海外受访者看好中国未来发展形势，但认为中国发展也面临挑战。

近一半受访者认为中国经济影响力将会持续增长，但也有35%受访者认为中国仍将面临腐败、贫富分化、环境污染等问题与挑战。发展中国家受访者、海外年轻群体对中国未来发展形势更为乐观、积极。

三、中国政治与外交形象

1. 具有高度凝聚力、组织严密是最突出的中国执政党形象。

2. 发展中国家更为认可中国发展道路和模式。

3. “一带一路”倡议对国家、个人、地区经济和区域和平都具有积极意义。

4. 海外受访者普遍看重与中国的外交关系且期待更好发展。

5. 由中国倡导的合作举措收到了海外受访者的普遍认可。

四、中国经济形象

1. 海外受访者普遍认可中国经济的国际影响力，认为自身从中国经济发展中获益。

2. 海外受访者普遍认为中国正成为越来越多国家的最大贸易伙伴。

3. 中国企业的进入与发展对当地而言既是机遇也是挑战。

4. 小米、微信、UC浏览器等科技品牌熟悉度排名有所上升。

5. 中国品牌海外形象有所改善，尤其是售后服务方面进步显著。

五、中国文化与科技形象

1. 中医、武术和饮食是海外受访者眼中最能代表中国文化的元素。

2. 超过1/3的海外受访者对中国语言和文化感兴趣。

3. 海外受访者相比国人而言更加认可中国的科技创新能力。

4. 与民生最为相关的中国高铁是认知度最高的中国科技成就。

六、全球性议题

1. 全球受访者普遍认为当今国际秩序不够公正合理，“推动各国在国际经济合作中权利平等、机会平等、规则平等”和“重点加强国际社会应对全球性挑战的能力”是最受认可的全球治理目标。

2. 海外受访者最为期待中国在经济和科技领域的全球治理中发挥更大作用。

七、信息接触渠道

1.近3成海外受访者对中国有较多了解。

2.当地媒体和使用中国产品是海外受访者获取中国信息的主要渠道。

3.海外受访者最希望通过中国媒体来了解中国文化、科技领域的信息。

八、来华意愿

1.未来3年内计划来中国的海外受访者数量增多。

2.计划访问地区中,北京、上海、香港最受海外受访者欢迎。

案例分析

在本次报告中,中国国家整体印象得分达到6.2分(总分10分),比2014年高出0.3分。中国外文局对外传播研究中心传播战略研究室副主任孙敬鑫在接受采访时说:"中国的整体形象在不断提升,尤其是越来越受到精英阶层的认可。"这是孙敬鑫对4届国家形象调查成果纵深观察,并结合智库诸多研究课题得出的结论。本次报告中有四个最大的亮点:年轻人好评度高;高铁成就名气最大;中国元素保持稳定;合作倡议广受关注。①

本次调查显示出中国历史悠久、充满魅力的东方大国形象最受海外民众认可,吸引了越来越多的海外个人和团体来华旅游、工作、学习。中国文化多样、科技进步的文明大国形象正在逐步树立起来,尤其是科技创新能力广受好评。然而仍有一部分海外民众对中国和平发展、合作共赢的外交理念与实践心存疑虑,对中国在全球治理中的贡献有更多期待,对中国模式与道路有困惑、观望甚至误解,中国和平发展、合作共赢的负责任大国形象以及亲和开放、充满活力的社会主义大国形象建设任重道远。②

纵观近年来对中国国家形象的调研,我们发现,随着中国的崛起,有关中国形象、中国人形象的研究快速增长。例如密苏里大学新闻学院的学者曾通过对《纽约时报》《华盛顿邮报》和《洛杉矶时报》的内容分析发现,美国的主流报纸倾向于选择性报道中国的负面消息。③ 面对国际间"中国威胁论"、妖魔化中国等负面言论甚嚣尘上的局面,我国媒体应该及时采取策略,发出自己的声音来辩驳。

---

① 参见李婕、杨俊峰、王萌:《中国整体形象稳步提升》,2016年8月31日《人民日报(海外版)》。

② 参见于运全、张楠、孙敬鑫:《2015年度中国国家形象全球调查分析报告》,《对外传播》2016年第9期。

③ 参见J. Zhang & G. T. Cameron," China's Agenda Building and Image Polishing in the US : Assessing an International Public Relations Campaign," Public Relations Review, Vol. 29, No. 1(2003), pp. 13-28.

在国际传播中，我们要清醒地认识到媒介的报道倾向可以影响外国受众对中国人、中国形象的认知，在对中国形象的认识上，很大方面受到我国经济、社会发展的影响。尤其是美国人对中国形象的认知是矛盾的。部分邻国对我国抱有积极乐观的态度，而还有部分邻国对我国的发展保持高度警惕。虽然世博会、奥运会等大型国际赛事可以在一定时间内吸引大面积外国受众的关注，增进其对我国的了解，但这类赛事所起到的传播效果是短期的，并不能持续增进外国受众对中国的好感度，且此类好感度会随着事件的热度消褪而减弱。

因此中国国家形象全球调查报告才显得格外重要，通过仔细阅读报告我们可以发现许多内容，例如海外民众对中国是具有一定程度的了解的，这是认识中国国家形象的起点。但我们还要看见海外民众对中国还有 20%处于完全不了解的空白阶段，而这段空白也成为我国国际传播塑造国家形象的新起点。在调查中，我们发现面对发展中国家和发达国家不同国家背景的海外民众，其对中国的关注点、了解度也不相同，所以在针对不同国别进行国际传播时，还应区别对待，“因国制宜”。

简而言之，当我们在国际传播中塑造我国的国家形象时，我们应注意以下几方面：第一，重视人际传播与品牌传播，推出更多的民间形象大使与中国品牌。第二，开展分众化传播，增强形象传播的针对性和时效性。第三，进一步加大文化与科技传播力度，吸引更多海外“文化粉”和“科技粉”。第四，讲好中国发展的故事，在“对话世界”的过程中展示中国道路。①

相关链接及参考阅读

[1]《美国主流媒体孔子学院新闻报道的批评话语分析》，http://lib. cqvip. com/read/detail. aspx? ID=671189556。

[2]《如何发挥历史名人的当代对外传播效应——江西抚州打好汤显祖“国际牌”》，http://lib. cqvip. com/read/detail. aspx? ID=671189552。

[3]《引导国际新思潮为“一带一路”再全球化服务》，http://lib. cqvip. com/read/detail. aspx? ID=672759891。

[4]《以人为本讲好中共故事——浅谈主流外宣媒体塑造执政党形象策略》，http://lib. cqvip. com/read/detail. aspx? ID=672759878。

[5]陈卫星：《传播的观念》，人民出版社 2004 年版。

[6]郭可：《当代对外传播》，复旦大学出版社 2003 年版。

[7]蔡名照：《讲好中国故事传播好中国声音》，2013 年 10 月 10 日《人民日报》。

[8][美]里斯、特劳特：《定位：有史以来对美国营销影响最大的观念》，谢伟山、苑爱冬

① 参见于运全、张楠、孙敬鑫：《2015 年度中国国家形象全球调查分析报告》，《对外传播》，2016 年第 9 期。

译，机械工业出版社 2011 年版。

[9]陈世阳:《国家形象战略研究》，中共中央党校出版社 2010 年版。

[10]何高平:《中国国家形象变化及启示——基于〈中国国家形象全球调查报告〉(2012～2015 年)》，《文化软实力研究》2016 年第 4 期。

[11]吴献举、张昆:《国家形象:概念、特征及研究路径之再探讨》，《现代传播》2016 年第 1 期。

案例5

外国意见领袖眼中的中国和中国媒体

案例内容[①]

2013年3月，新华社国际新闻编辑部组织亚太、非洲、欧洲、欧亚、北美、中东、拉美7个地区的驻外分社记者分别采访了30个国家的62位媒体人士和中国问题专家，就中国的国家形象和中国主流媒体报道在当地的影响力等问题进行了深度访谈。

新华社国际新闻编辑部将全球分为亚太、非洲、欧洲、欧亚、北美、中东、拉美7个地区，每个地区选择若干个重点国家，每个国家选择1～4位访谈对象。访谈对象主要是当地媒体的高层（社长、总编、部门负责人等）和中国问题专家（亚洲或中国问题研究所的所长、研究员等）。总体来看，对世界上七大地区30个主要国家的访谈人数相对比较平均。

通过梳理分析采访记录，并综合对国内外主流媒体的调研得出如下结论：

第一，发达国家和发展中国家的受访者对于中国国家形象的认识存在差异。

1. 发达国家眼中的中国："引人注意"+"令人不安"

此次访谈调查显示，美、英、法等西方发达国家媒体高层人士对中国持矛盾的心态：一方面，他们认可中国经济高速发展，重返世界大国行列，对国际事务产生极大影响。中国发生的一切令西方媒体感到十分好奇。另一方面，中国国力的增强也让西方人士感到了不安和威胁。也有个别发达国家，因为历史、现实的特殊原因，对中国的态度尚不明朗，比如我们的邻国日本。

---

① 参见刘滢：《外国意见领袖眼中的中国和中国媒体——对30个国家媒体人士和中国问题专家的访谈报告》，《对外传播》2013年第9期。

2. 发展中国家眼中的中国:“友好”的“强国”

(1)诱惑。提到“中国形象”,发展中国家的意见领袖们首先想到的就是“诱惑”一词,他们认为中国充满了经济发展的机遇,社会欣欣向荣,为不发达国家带来了实际的物质利益。在这方面,非洲、拉丁美洲国家受访者的感受尤其突出。

(2)强国。第三世界的意见领袖们强烈地意识到中国是一个“强国”,对“中国的地区以及全球战略意图”表示不信任和担忧,对中国的态度比较“谨慎”,并且开始反思与中国的关系。

(3)封闭。值得引起注意的是,华人华侨通过长期在海外工作、学习和生活,无意中“塑造”了另一种与中国主流媒体传达的不太相同的“中国形象”,即中国人是一个相对封闭的群体,心理、文化上并不真正开放。此外,一些海外华人的素质有待提高,个别华人的犯罪事件也造成了不良的国际影响。

第二,中国媒体在非洲的影响力最大,在欧洲和北美的影响力最小。

通过访谈我们可以看到,中国媒体在非洲的影响力最大,在欧洲和北美的影响力最小。在亚太、中东、拉美和欧亚一些国家,中国媒体的影响力正在提升。详情如下:

1. 中国媒体在亚、非、拉乃至东欧地区的影响力呈上升趋势

同为第三世界国家,中国媒体对发展中国家长期关注的正面效应逐渐显现,报道数量和质量的提升得到了各国意见领袖们的认可。亚洲、拉丁美洲一些国家的受访者认为中国媒体对第三世界国家的报道更富有建设性。东欧一些国家的受访者表示,中国媒体正在该地区形成固定受众群。

2. 中国媒体在西方国家的影响力依然十分微弱

在问及媒体影响力问题时,美国、英国、法国、西班牙、丹麦、加拿大等西方国家的受访者不约而同地回答,中国媒体在当地的影响力十分有限。主要表现为:(1)西方受众对中国媒体没有什么印象。(2)西方受众认为中国媒体不是独立自主的新闻机构。(3)只有在报道与中国相关问题时,西方媒体才会查阅、引用中国媒体的报道。

第三,中国媒体国际传播中的现存问题。

1. 有效落地率低,阻碍影响力进一步提升

在本次调查中,许多受访者明确指出,能接触到中国媒体的海外受众十分有限。例如,央视非洲频道只有在付费的卫星数字频道上才能收看,可是在非洲,并不是每家每户都有电视,很多有电视的家庭付不起机顶盒的费用,所以也收不到央视的节目。有条件看付费电视的,还是习惯看 France24、BBC、法国电视 5 台、CANAL+、CNN 和半岛电视台,偶尔看 CCTV 英语和法语台也只是出

于好奇。

2. 内容与海外受众需求契合度低，缺乏吸引力

调查发现，中国媒体传播的内容与海外受众的需求还有较大偏差，吸引力尚处于较低水平。具体表现为：(1)重大国际新闻报道时效慢，内容不全面，缺乏侧面报道和多角度报道，有时甚至缺乏直接的采访和原创报道。(2)对外报道过于温和，宣传色彩浓厚，少见针砭时弊的监督报道和评论。(3)内容产品种类不够丰富，数量规模较小，且以政治、经济新闻为主，文娱、体育新闻和生活服务类信息寥寥无几。(4)英文报道尚待提升，法、俄等其他语种报道多不专业。

3. 市场推广力度不足，与国际受众缺乏互动

目前来看，我国媒体国际传播全球受众服务体系尚不完善，在海外市场营销和受众服务方面仍存在不少问题：一是重视程度不够，二是营销和服务能力明显不足，三是效果不太理想。巴基斯坦、约旦、阿联酋等多国受访者均认为，中国媒体在他们国家的“曝光率”不足，在市场推广方面的力度还有所欠缺，国际受众的服务工作还不到位。

4. 对国际人才的聘用和管理处于起步阶段，难点颇多

总体来看，我国媒体对本土人才的聘用和管理还处于起步阶段，存在以下问题：一是海外雇员的人数仍然无法满足需求。二是很难聘请到高素质、高水平的优秀海外人员。三是在全球范围内，中国媒体外籍雇员的布局不平衡，来自发展中国家和地区的外籍雇员较多，来自欧美发达国家及其他新闻热点地区的外籍雇员稀缺。四是海外雇员的管理较为混乱，没有充分发挥雇员的本土化优势，雇员在中国媒体中处于边缘地位，没有进入关键岗位。

案例分析

在发达国家意见领袖眼中，中国是迅速崛起的经济体，既很吸引人，又令人感觉到威胁和不安。而发展中国家的意见领袖则认为，中国是一个“友好的强国”，慷慨地给予了第三世界国家许多援助和支持，但毕竟实力不断上升，未来是否会“称霸”让人担忧。由于经济实力相差悬殊，亚、非、拉发展中国家对中国形象的认知与发达国家有较大差别。

所以，我们必须清醒地认识到，刚刚起步的中国国际传播媒体即使是在非洲，其影响力短期内仍然无法与西方主流媒体相媲美。在西方发达国家媒介传播渠道极大丰富，新老媒体百花齐放，中国媒体作为来自发展中国家的、刚刚走出国门的“年轻媒体”，十分不起眼，很难吸引西方受众的注意。美联社副社长约翰·达尼谢夫斯基、丹麦《哥本哈根邮报》总编辑凯文·麦克奎因、加拿大通讯社渥太华分社负责人罗伯特·鲁索和加拿大前外交副部长、加中贸易理事会

主席彼得·哈德等受访者尖锐地指出：中国媒体被认为是官方机构，而不是独立自主的新闻机构，不具备完全可信度。[①]

通过调查外国人眼中的中国主流媒体与中国形象，我们可以看见中国媒体与国家形象塑造之间的密切联系。在国内现存的众多媒体中，主流媒体仍占据相对主导性的地位，尤其在国家形象传播中发挥着至关重要的作用，得到党和国家领导人的高度重视，在国际竞争日益激励的今天，如何提升我国主流媒体的海外影响力成为了我们党和国家领导人关切和重视的问题所在。

2015 年 5 月，习近平总书记对《人民日报》海外版创刊 30 周年作了重要批示：用海外读者乐于接受的方式、易于理解的语言，讲述好中国故事，传播好中国声音，努力成为增信释疑、凝心聚力的桥梁纽带。中国主流媒体的报道已经成为了国际社会了解中国的一个窗口，在国家形象传播中发挥着积极的作用。[②]

主流媒体是国家形象传播的重要渠道，主流媒体的权威性是国家形象塑造的有利保证，也为我国国际传播战略的有效实行提供了客观保障。正确运用主流媒体这一工具可以为我国对外交往，国际传播架起友谊的桥梁。国际传播，尤其是国家形象的构建是一个长期的过程，需要逐步完成，而利用主流媒体的现有影响力和成熟的体系制度可以有效将外国受众对我国刻板的、妖魔化的认知转变理解与认可，促进我国国际外交事务等方面的发展进步。

此外，关于主流媒体怎样才能担当起建构与塑造良好国家形象的责任，人民日报社副总编辑杜飞进认为：一是增强“求真意识”，夯实媒体公信力基础。二是增强“对象意识”，精准实施分众化传播。三是增强“故事意识”，善于生动具象式交流。四是增强“融合意识”，推动新型主流媒体建设。五是增强”效果意识“，坚持把效果放在首位。[③]

相关链接及参考阅读

[1]《中国形象国际认可度稳步提升治国理政能力受广泛认可》，http://www.zhongguodali.com/news/201503/19/2573.html。

[2]《主流价值观对外传播的四个维度》，http://media.people.com.cn/n1/2017/0720/c192362－29418408.html。

[3]《加大中华文化海外传播力度》，http://media.people.com.cn/n1/2017/0907/

① 参见刘滢：《外国意见领袖眼中的中国和中国媒体——对 30 个国家媒体人士和中国问题专家的访谈报告》，《对外传播》2013 年第 9 期。

② 参见《习近平就人民日报海外版创刊 30 周年作出重要批示》，http://news.xinhuanet.com/politics/2015－05/21/c_1115367376.htm。

③ 参见杜飞进：《国家形象与媒体担当》，http://politics.people.com.cn/n/2015/1111/c1001－27804765.html。

c192372－29521247. html。

[4]《中国故事为何迷人，听听国外出版社怎么说》，http://media. people. com. cn/n1/2017/0824/c192372－29492818. html。

[5]《把握时代要求讲好中国故事——第五届全国对外传播理论研讨会综述》，http://zgbx. people. com. cn/n1/2017/0801/c347569－29441871. html。

[6]《〈中国新媒体发展报告〉2017 版在京发布》，http://zgbx. people. com. cn/n1/2017/0627/c347569－29366218. html。

[7]张昆：《国家形象传播》，复旦大学出版社 2005 年版。

[8]司久岳：《传播者的形象和传播效力》，《国际新闻界》2009 年第 1 期。

[9]暨佩娟、韩硕等：《“一带一路”，APEC 涌动新机遇》，2014 年 11 月 8 日《人民日报》。

[10]胡晓明：《国家形象》，人民出版社 2011 年版。

[11][美]威尔伯・施拉姆、威廉・波特：《传播学概论》，新华出版社 1984 年版。

[12]单波、王媛：《跨文化互动与西方传教士的中国形象认知》，《新闻与传播研究》2016 年第 1 期。

[13]常姗姗：《“多面中国”：中国国家形象的“他塑”研究——以〈纽约时报〉2015 年“中美关系”议题为例》，《新闻大学》2017 年第 3 期。

案例 6

中国电影国际传播调研报告

案例内容[①]

“中国电影在周边国家的传播现状与文化形象构建——2016 年度中国电影国际传播调研报告”是以外国观众为调研对象、以中国电影国际传播为核心指向的数据调研项目。该项目由北京师范大学中国文化国际传播研究院主持并实施。2016 年，研究团队选取周边国家样本受众作为人口变量进行问卷调研。调研对象涉及 16 个周边国家，包括俄罗斯、日本、韩国、蒙古、越南、泰国、马来西亚、新加坡、柬埔寨、老挝、缅甸、印度、巴基斯坦、尼泊尔、阿富汗、哈萨克斯坦等，发放了 1610 份问卷，回收 1500 份，其中有效问卷 1493 份，回收率为 93.1％，有效率 99.5％。

本次调研对周边国家样本受众的观影动机、观影行为、观影效果进行了具体考察，对其通过中国电影认知中国文化符号、中国人文情感和中国价值观的现状进行了分析。本次调研采用问卷调研法，确立了观影次数、观影渠道、接触中国文化的渠道、对中国类型电影的印象等调研指标，以及从中国电影中体现的中国文化符号、中国人文情感、中国社会价值观等测量指标。

此处截取调研报告中中国电影接触与文化形象建构部分的内容以作展示。

一、受访者接触中国电影与认知中国文化符号的关系

1. 受访者对中国文化符号的认知情况

受访者对于中餐、长城、茶叶、中医、孔子等认知度较高，对于姚明、张艺谋、

① 参见黄会林、李雅琪、马琛、杨卓凡：《中国电影在周边国家的传播现状与文化形象构建——2016 年度中国电影国际传播调研报告》，《现代传播》2017 年第 1 期。

屠呦呦等人物符号认知度较低。

2.区域对文化符号认知的差异性比较

第一,在中国制造类文化符号因子方面,北亚对中国文化符号的认知度最高,东亚表现出最低值。第二,对中国传统文化认知程度最高的是南亚,最低的是北亚。第三,中亚在当代名片类文化符号因子方面最显著,东亚最不显著。

3.年龄对文化符号认知的差异性比较

18～24 岁年龄层的受访者对当代名片文化符号因子认知度最高,55 岁以上年龄层的受众在当代文化符号方面认知度最低。

4.教育程度对文化符号认知的差异性比较

研究生群体对中国文化符号的认知程度最高,在中国制造、当代名片和传统文化三个因子中都表现出较高的认知。在中国制造和传统文化方面,其他学历群体认知度最低,高中学历对当代名片认知度最低。

5.观影频率与对文化符号认知程度的关系

第一,没有看过中国电影的受访者对中国制造、当代名片、传统文化的文化符号因子认知度很低,其中最低的是对当代名片的认知。

第二,随着观看中国影片数量的增多,受访者对中国文化符号的认知有不同程度的增加,其中在中国制造和当代名片方面增速最快的是观看 0～5 部中国电影的区间,可见观影数量对提高中国制造和当代名片的认知有巨大的作用。

第三,通过看电影对中国文化符号认知度最高的人群停留在过去一年内观看 11～20 部中国电影的人群中;相反,观看中国电影超过 20 部的人群对中国文化符号三个因子的认知较之 11～20 部的人群有所下降。

二、受访者接触中国电影与对中国人文情感认知的关系

1.受访者对中国人文情感认知情况

受访者对于“友善”“孝道”“崇礼”“诚信”“慷慨”等人文情感的认知度较高,对于“含蓄”“己所不欲,勿施于人”的认知度较低。

2.区域对人文情感认知的均值与差异性比较

总体来讲,南亚对于中国人文情感的认同度较高,东亚相对较低。

3.观影频率与对人文情感认知程度的关系

第一,没有观看过中国电影的受访者,对中国社会道德的认同度比对中国个人情感的认同度高。

第二,通过看电影,受访者对社会道德和个人情感的认同度都有所提升,即通过看电影,受众对中国人文情感的认同度提升。

第三,过去一年内看电影越多,对中国人文情感中的个人情感越认同。

第四,过去一年内观看电影 11～15 部区间内的受访者,对中国人文情感的认同度最高。

三、受访者接触中国电影与对中国社会价值观认知的关系

1.周边国家对中国社会价值观认知情况

第一,认同度较高的是“爱国情怀”“重视家族代际关系”和“崇尚集体意识”。

第二,受访者对中国家国情怀的认同程度远高于对中国社会秩序的认同程度。

第三,在中国社会价值观的家国情怀方面,受访者对“爱国情怀”的认同度较高;在中国社会价值观的社会秩序方面,受访者对“诚信友善”“人与自然环境和谐相处”的认同度较高,对“廉洁”“公正法治”“人与人平等”“社会自由”的认同度较低。

2.区域对社会价值观认同的差异性比较

就社会秩序因子而言,南亚认同度最高,东亚认同度最低;在家国情怀因子方面,西亚和北亚的认同度较高,东亚认同度最低。

3.年龄对社会价值观认同的差异性比较

年龄在 18～24 岁年龄层的受访者对于中国社会价值观中“家国情怀”和“社会秩序”的认知度都是最高的。由此可见,中国的社会价值观在周边国家的青年人群中受认可度更高。

4.教育程度对社会价值观认同的差异性比

周边国家研究生学历群体对中国价值观的认同度较高。

5.观影频率与社会价值观认同程度的关系

第一,在过去一年没有观看过中国电影的受访者,对于中国社会价值观中社会秩序和家国情怀这两个因子的认同程度都是较低的。

第二,随着观影数量的增加,受访者对社会秩序和家国情怀的认知程度有所提高。

第三,其中观影频率对于社会秩序认同程度的影响较为明显观影量在 1～20 部之间的受访者对家国情怀的认同程度相对较为稳定。

案例分析

调研报告重点分析和探讨了两个问题:第一,中国电影在周边国家中的传播现状及效果如何?第二,在样本受众中,接触中国电影与构建国家文化形象

的关系如何？根据调研数据，我们发现总结出以下 7 个结论：

一、填补了中国电影在周边国家传播现状数据调研的空白

中国周边国家数量较多、语种复杂、文化差异明显，中国电影在周边国家的传播，存在着市场自然选择、产业着力方向等诸多困难，由此导致年观影总量偏少、到达受众有限等客观状况。在此前提下，调研团队进行了多种外国语言的数据调研工作，一定程度上填补了此类数据调研空白，为今后的学术研究提供思路和方向。

二、样本显示，相对于其他区域，东亚地区（韩国、日本、蒙古）是中国电影在周边国家的传播洼地

通过对样本受众进行数据分析，调研团队发现东亚区域样本受众在通过人际传播和网络传播接触中国电影资讯、在选择免费网络和电视资源渠道观看中国电影、通过观看中国电影形成整体印象与符号认知等方面，都处于较低的水平。

三、样本受众最认同中国电影中的“家国情怀”

通过数据分析发现周边国家样本受众认同度高的是中国电影中的“爱国情怀”“重视家族代际关系”“崇尚集体意识”。由此可见，在“家国情怀”方面，亚洲人民“民心相通”，在共同的情感基石上，命运共同体意识能够在周边国家落地生根，从而实现睦邻友好，合作共赢。

四、年观影量的提升有助于提高对当代中国文化符号的认知

调研发现，随着年观影量的增加，对当代中国文化符号的认知度明显提高。这一发现揭示了中国电影是当代中国文化符号输出的有效载体，调研团队认为可以通过提高影片投放，产业扶持，辅之以有针对性的传播策略，从影片类型、影片译制和传播渠道上加以优化，注重青年和高学历人群受众，从而有助于加强中国电影传播的影响力。

五、样本受众通过观看中国电影对社会秩序、自然环境、人文环境印象较弱

调研数据显示，周边国家样本受众通过观看中国电影，对中国军事、经济、科技印象较为深刻，对社会秩序、自然环境、人文环境印象较弱。这一发现让我们联想到 20 世纪 90 年代以来，“中国威胁论”在西方媒体议题设置下，引导受众对中国产生了不客观的刻板印象，本结论一定程度上印证了这一现实情况。

调研结果提示我们，电影作为艺术形态，在构建国家形象的过程中，更应发挥其“润物细无声”的影响作用，让中国电影在展现国家科技、经济、军事飞速发展的同时，应更加重视人文形象的构建，以及人与自然和谐相处的展现。

六、样本受众认为中国影片存在“重制作，轻内涵”现象

调研结果显示，周边国家样本受众对中国影片制作技术的印象始终比对中国影片内涵价值的印象更深刻。我们认为中国电影人应跳出盲目追求“大制作”“大效果”的桎梏，自觉将中华文化底蕴和思想精华注入影片，在中国影片制作技术不断成熟的前提下，坚守中国电影的文化价值体现。

同时，随着观影频率的上升，受访者对中国电影所蕴含的内在价值的理解也在逐步深化，这说明量变能促发质变，观影数量的增加有利于对影片内涵的理解，加大影片输出力度，提高影片质量水平，提升影片内涵和立意，将有利于中国文化形象在周边国家的树立。

七、武侠片和动作片在样本受众的观影偏好中名列前茅

数据显示，在周边国家样本受众中，武侠片和动作片继续领跑类型电影，此结论与前几届数据调研的结论相得益彰，表明武侠片和动作片不仅在英语国家受到欢迎，在周边非英语国家同样受到青睐。

北京师范大学新闻与传播学院执行院长喻国明教授对调研报告进行了点评。喻国明认为我国经济“走出去”和文化“走出去”之间效果差异甚大，本次调研补上了中国在对外文化输出方面调研的缺乏，因此调研数据是非常有意义的。喻国明针对本次调研提出了三点建议：首先，在研究模式上可以进行调整和完善；其次，问卷设计层次需要深化；最后，通过建立常模，了解外国电影观众对于中国电影的一般需求。

北京师范大学艺术与传媒学院院长、《现代传播》主编胡智锋点评到，黄会林先生能够从重大方向构建的角度，对学术发展起到标志性作用，连续六年的中国电影国际影响力全球调研是中国文化民族化现代化的新收获。此外，他提出，调研报告本身的三个突出特点：持续六年的延续性，有文化担当和家国情怀的人文性，以及该项调研的品牌性。[①]

在国家形象构建中，电影传播是极重要的一种形式，通过观察调研报告的结论，我们利用电影构建我国文化形象时，应当发挥本国优势，深刻挖掘本国形象内涵，展现出中国自信自强的民族形象。同时在电影对外输出的题材上，更

① 参见中国文化国际传播研究院：《2016 中国电影国际影响力全球调研数据发布会成功举办》，http://aiccc.bnu.edu.cn/dtzx/33658.htm。

多选用外国本土人更加青睐的影片类型，从外国观众的角度出发，将电影内容、形式进行本土化嫁接，完成中国形象的构建。

相关链接及参考阅读

[1]张昆、张明新：《中国公众的世界观念调查报告(2015)》，http://www. rmlt. com. cn/2015/1020/405740. shtml。

[2]范红、胡钰：《大国重“形”——中国国家形象建设的六大维度》，http://www. rmlt. com. cn/2016/0311/419967. shtml。

[3]许小年：《日本与德国的国家形象建设比较》，http://www. rmlt. com. cn/2011/0315/15922. shtml。

[4]刘朋：《中国的政治认知与国家形象传播演化》，http://politics. rmlt. com. cn/2013/0313/65492. shtml。

[5]吴典、肖燕怜：《主流电影国家形象建构的影响因素分析》，http://media. people. com. cn/n1/2017/0426/c412332－29238411. html。

[6]刘燕南、史利等：《国际传播受众研究》，中国传媒大学 2011 年版。

[7]李智：《国际政治传播：控制与效果》，北京大学出版社 2007 年版。

[8]李希光、周庆安主编：《软力量与全球传播》，清华大学出版社 2005 年版。

[9]王庚年：《国际传播——探索与构建》，中国国际广播出版社 2009 年版。

[10][英]尼克·史蒂文森：《认识媒介文化——社会理论与大众传播》，王文斌译，商务印书馆 2001 年版。

[11]明安香：《关于中国国家形象大传播战略的思考》，《新闻爱好者》2009 年第 2 期。

[12]邢馨月、肖燕怜：《国产电影的国家形象叙事策略探析》，《东南传播》2017 年第 5 期。

[13]王安然：《好莱坞电影与国家形象传播关系研究》，《传播与版权》2016 年第 9 期。

案例 7

推特上中国形象的主题与情感分析

案例内容[①]

自 2006 年推特(Twitter)诞生以来,自媒体(或称"社交媒体")成了传统媒介机构与公众发表意见的新平台。在此案例中,研究者采用文本挖掘技术,对推特上涉及中国的英文热门推文进行了分析。研究目的是了解和描述推特英语用户在发布的热门推文中,涉及中国时关注的是哪些主题,呈现出来的态度及情感又是怎样的,以期对国际传播工作有所启示。

推特平台上共有超过 30 种的语言版本,但主要语言为英语,此研究案例以英文版本为研究范围,研究对象是海外媒体及公众所发布的涉及中国、中国人的热门推文。采用新兴的文本挖掘方法,对非结构化的推文文本进行挖掘和处理,工作流程包括了文本的获取、分词与过滤、主题建模、情感分析四个步骤。

一、研究方法

1. 文本数据的获取

在获取文本数据过程中,我们不区分大小写,以"China"或者"Chinese"为关键词对热门推文进行了检索。搜索的时间周期为自推特开始运营至本文数据搜集之时,即 2006 年 3 月到 2013 年 12 月。

2. 文本预处理

对推文的预处理包括了分词和过滤,主要运用自然语言处理技术(NLP),利用 Python 的 nltk 包进行了操作。我们的研究对象是推特上的英文的涉华推文,分词方法就是简单的基于空格和标点符号的英文分词法。

---

① 参见肖明、易红发:《推特上中国形象的主题与情感分析》,《对外传播》2017 年第 3 期。

3. 主题建模及主题命名

主题建模(topic modeling)是本研究中最为关键的一步,利用 Stanford TMT 0.4.0 软件对涉华推文的主题进行 LDA(狄利克雷分配模型)建模。本研究最终选择最大迭代次数为 1000,常见词过滤数量为 20 的结果,最终从 80 多万条推文中提取了 30 个主题。

4. 情感分析

本研究的情感分析(sentiment analysis)应用机器学习技术,采用朴素贝叶斯(Naive Bayes)算法,对每一条推文的极性与情感进行识别。共有六种情感:anger(愤怒)、disgust(厌恶)、fear(恐惧)、joy(喜悦)、sadness(悲伤)、surprise(惊奇)。

二、研究结果

1. 涉华推文的主题分布

通过研究发现,涉华热门推文中有关饮食的主题有三个,根据场景的不同分别为“饮食与家庭生活”“饮食与娱乐”以及“饮食与学校生活”,三个主题合计为 10.98%。

按照国家形象研究中常见的四分法,将主题分为政治、经济、社会及文化研究。

利用主题模型生成的“亚洲局势”“美国总统选举”“地区争端”“西藏话题”“媒介审查”“人权话题”“港台话题”“政治丑闻”以及“计划生育”等九个主题属于政治范畴,所占比例为 32.6%。

属于经济类的主题包括“金融市场”“经济增长”“奢侈品市场”“苹果产品”“污染与健康”以及“航天与探月工程”,共六项,所占比例为 20%。

属于文化类的包括“大熊猫与长城”“阅读与谚语”“好莱坞电影”“学校学习”“语言学习”“韩流”以及“传统医学”,共七个主题,所占比例为 21%。

属于社会类的主题包括“社会化媒体”“饮食与家庭生活”“自然灾害与治安”“饮食与娱乐”“饮食与学校生活”“奥运会”“城市生活”,以及“篮球与足球”,共计八个,所占比例为 26.4%。

2. 不同年份及不同议题的极性分析

通过极性分析,发现所分析的 80 多万条英文涉华热门推文中,有 54.81% 的推文极性为积极正向的,消极负向的推文占 31.99%,中立推文比例为 13.20%。

2008 年的推文积极正面的评价比例最低,为 52%;消极负面评价的比例为 35.65%,是历年来最高的。2008 年中国发生的重大事件包括北京奥运会、汶川地震、毒奶粉事件，以及全球性的金融危机。按照政治、经济、文化、社会四个大类别来看，在政治类议题中，积极正面的评价为54.73%，略低于经济、社会及文化议题中正面评价的比例。

3. 不同年份及不同议题的情感分析

总体来看，只有25.54%的推文表现出了强烈的情感。近3/4的推文都没有表现出强烈的情感，情感拟合为unknown。

就中国议题而言，推特用户越来越倾向于表达强烈的情感。从所表达出来的情感来看，比例最高的情感是喜悦，占比14.19%；其次为愤怒，占3.49%；排在第三位的情感是难过，比例为3.07%。从议题来看，社会类和文化类议题中表现出强烈情感的比例都在27%上下；而经济、政治类议题中具有强烈情感的比例都不足25%。

三、结论

1. 从数量上看，英文涉华热门推文的数量在逐年增加。这表明世界对中国及中国相关事物的关注度在持续提高。

2. “饮食”成为英文涉华热门推文中关注度最高的主题，超过1/10的推文都与中国饮食有关。

3. 从政治、经济、文化和社会四大类议题来看，英文涉华热门推文中政治类主题所占比例最高。

4. 英文涉华热门推文总体上的极性以积极正向为主。总的来看，推文中只有1/4表现出了明显的情感，从表现出来的情感的情况来看，喜悦高居第一位，然后依次是生气和难过。从各年度历时来看，表现出喜悦情感的比例有上升的趋势。

案例分析

从调查的结论可以看出世界对中国的关注度在社交媒体上体现出逐年走高的趋势，尤其在互联网、移动互联流行的今天，与中国相关的内容仅在社交媒体部分的出现次数、活跃度变化就值得关注与讨论。从调查中可以很直接地看出，推特上人们关注度最高的是政治问题，且用户对于中国的评价也会随着当年的事件发生而变化。例如，在2008年推文的正面比例最低，负面评价为35.65%，是历年最高的。因为在2008年中国发生的重大事件包括奥运会、毒奶粉、汶川地震以及全球性的金融危机。

而就中国议题而言，推特用户越来越倾向于表达出强烈的情感，我们可以推测这种变化是由中国国际地位的提升、实力的增强带来的。当中国的经济发展对推特用户的生活产生了影响，某些事件的发生会与其自身发生关联，所以推特用户在提及与中国相关的问题时所表达出的情感色彩也自然会变得强烈。故而在制定传播策略，向世界传递真实、公正、权威的中国声音，讲述中国故事时，我们要牢牢占据新媒体，尤其是社交媒体的阵地。可喜的是，从近几年中国主流媒体的海外社交媒体发展来看，利用新媒体的手段可谓是愈发纯熟。

美国之音电台网站 2016 年 12 月 21 日报道称，中国官媒在国际社交媒体上的“圈粉”能力虽然仍不敌《纽约时报》（推特关注人数 3230 万）和 CNN（推特关注人数 3040 万）等最初一批转战新媒体的传统媒体元老，但考虑到中国官媒入主这些平台只是最近三四年的事，其发展速度值得感叹。

总部在华盛顿的皮尤研究中心国际经济态度调研主任布鲁斯·斯托克斯在接受采访时说，他们在世界范围内的调查数据显示，中国提高国际形象的手段在近几年取得了一定的效果。①

在国际传播中，有一个概念需要明晰，即海外华文媒体是指在中国大陆和中国香港、台湾、澳门地区以外创办发行的华文媒介。海外华文媒介对于塑造国际形象有重要性意义。由于政治制度、意识形态、国家利益等方面的差异，一些国家会在其报道中对中国形象进行抹黑，妖魔化中国。海外华文媒体是中国在国际提升国家形象的桥头堡，是中外文化交流的桥梁，只有利用海外华文传媒的优势，才能多渠道、多方式地塑造中国形象。②

在社交媒体日益蓬勃的时代，社交媒体的功效不可小觑。尤其是在我国国际影响力上，社交媒体是不可丢失的重要阵地。首先，我们应当树立融媒体理念，实现媒介融合，完成互联网＋的转型。其次，除了立足已有的社交媒体平台，我们还应当不断开发自媒体，打造属于自己的独特领域。复次，从传播的内容上看，我们应当秉持着公正客观的新闻原则，提高信息发布的时效性和透明度。再次，开设多语种社交媒体账号，贴近国外民众的生活。此外，可以借鉴美联社的社交媒体规定，鼓励媒体记者开设社交媒体账号，形成传统媒体与个人的账号联动。最后，从语言风格上改变古板、官方的通讯语言，更多注入网络化、人性化的网络语言，图文并茂的传递信息。

相关链接及参考阅读

[1]《美媒：中国官媒在 FB 推特上“圈粉”能力太强了》，http://tech.163.com/16/1225/10/C94I03GT00097U7R.html。

---

① 参见《美媒称中国媒体海外“圈粉”有成效：年轻人对华有好感》，http://www.cankaoxiaoxi.com/china/20161225/1548382.shtml。

② 参见林晟炫：《跨文化视角下的海外华文媒体中国形象建构研究》，《东南传播》2015 年第 5 期。

[2]《全球性媒介事件中网络媒体与国家形象的建构与传播》，http://media. people. com. cn/GB/22114/150608/150618/13566279. html。

[3]《美联社员工社交媒体使用守则》，http://cstj. cqvip. com/qk/81506X/201307/46444428. html。

[4]《政治传播中的框架效应》，http://ex. cssn. cn/zzx/201702/t20170222_3425423. shtml。

[5]《Twitter CEO 来华：无法把 Twitter 带进中国，那就先带中国人上 Twitter 吧》，http://www. pingwest. com/twitter-ceo-first-china-trip/。

[6]胡翼青：《再度发言：论社会学芝加哥学派传播学思想》，中国大百科全书出版 2007 年版。

[7]鲁曙明、洪浚浩主编：《传播学》，中国人民大学出版社 2007 年版。

[8]潘忠党：《架构分析：一个亟需理论澄清的领域》，《传播与社会学刊》（香港）2006 年第 1 期。

[9]张培晶、宋蕾：《基于 LDA 的微博文本主题建模方法研究述评》，《图书情报工作》2012 年第 24 期。

[10]程冰冰、王悦生：《从跨文化传播角度看 CNN 和 CCTV 网站的国际视野》，《新闻世界》2010 年第 8 期。

[11]刘扬、徐佳：《我国媒体利用海外社交网络推广现状及对策》，《对外传播》2013 年第 9 期。

[11]李斌：《新华社海外社交媒体的国家形象传播策略》，《青年记者》2017 年第 26 期。

后　记

本书是学院组织编写的“马克思主义新闻观实践案例集系列丛书”之一，我负责“国际传播案例集”的编写工作。从有出版案例集的想法到同事们论证、分工到最终交稿，当时学院要求3～4个月完成，我拖拖拉拉近6个月才最终完成书稿。

本案例集在框架上是依照传播学的“5W”理论分为了主体篇、渠道篇、内容篇、受众篇和效果篇，在案例的搜集上尽量选取近几年比较典型的、有影响力的案例，案例之间尽量呈现多层次、多角度，在分析上尽量做到理论联系实际。在整个收集及撰写过程中，有感于我国近几年在国际传播领域从顶层设计、制度构建到实践层面的巨人变化，国际传播的意识在各个主体层面都有所加强和体现，“讲好中国故事，传播好中国声音”更是为我国国际传播的发展指明了方向。虽然，国际舆论中“西强我弱”的局面暂时不易改变，但我国多元的主体通过不断增强媒体传播力、公信力，调整话语表达，实施精准传播，中国在国际舞台上的声音就会越来越响亮，真正实现“居高声自远”。

在本书的写作过程中，我要感谢我2017级的研究生，他们参与了案例的整理。其中：杨璨和张楠参与了“主体篇”，史金铭和王涵参与了“渠道篇”，李东东和朱苏瑜参与了“内容篇”，尹少启参与了“受众篇”，赵明慧参与了“效果篇”，杨璨还参与了最后的统筹工作。同时感谢学院王德胜书记、刘明洋副院长、唐锡光教授的统筹规划及倪万副院长的联系协调和出版社编辑的认真审核，以及文中案例所引文章作者们的前期智慧和辛劳。在众多的帮助和支持下，该书才能最终顺利出版。

鉴于本人水平有限，加之时间紧张，文中有错误、疏漏及评析不当之处，还请读者批评指正。

邱凌

2008年3月18日于济南